Renate Vogl

Röcke und Blusen selbernähen

CIP-Titelaufnahme
der Deutschen Bibliothek
Vogl, Renate:
Röcke und Blusen selber nähen:
mit Schnittmusterbögen für die
Größen 36 bis 46/Renate Vogl. –
Augsburg: Augustus-Verl., 1990
ISBN 3-8043-0132-0
NE: Vogl, Renate (Bearb.)

AUGUSTUS VERLAG AUGSBURG

Umschlag: Peter Engel, Grünwald
Gesamtherstellung: Appl, Wemding
Printed in Germany
ISBN 3-8043-0132-0

Renate Vogl

Röcke und Blusen selbernähen

Mit Schnittmusterbögen für die Größen 36 bis 46

Augustus Verlag

Liebe Hobbyschneiderin,

der Erwerb dieses Buches zeigt, daß Sie Spaß am Nähen haben oder aber die bereits vorhandenen Nähkenntnisse erweitern wollen. Und besonders viel Spaß macht es bekanntlich, ein paar selbstgenähte Modelle bei Freunden und Bekannten präsentieren zu können. Außerdem vermeiden Sie das lange Suchen nach optimaler Konfektionskleidung: Sie kopieren einfach den Schnitt Ihres Modells ab, korrigieren eventuell noch die kleinen Paßunstimmigkeiten und schneiden das Ganze aus dem Stoff Ihrer Wahl zu.

Ob schlank oder vollschlank, jedes Modell in diesem Buch ist in den Größen 36 bis 46 auf den Schnittbögen durch parallel gezeichnete Größenstufung leicht zu finden. Die Handhabung der Schnitte ist einfach:

Bei jeder Modellanleitung finden Sie ein Schnittauflagebild mit Hinweis auf den zugehörigen Schnittbogen. Am Kopf des Schnittbogens ist dann das Modell aufgeführt, und zwar mit den sogenannten Schnittsuchnummern, die Ihnen einen Überblick geben, aus welchen Teilen das auserwählte Modell besteht. Diese Zahlen stehen auch rechts und links vom Schnittbogenrand und führen Sie bei waagrechter Überquerung des Schnittbogens zu dem betreffenden Schnitteil. Beachten Sie nun nur noch die Linienkontur, die Ihrer Größe entspricht. Die Tabelle am Kopf des Schnittbogens zeigt, welche der Linien zu den einzelnen Größen gehören.

Bei allen Modellen wurde auf eine klare Arbeitsanleitung geachtet, so daß auch Anfängerinnen, wie bereits anfangs erwähnt, leicht damit zurechtkommen. Besondere Arbeitsvorgänge werden anhand von illustrativen Schritt-für-Schritt-Grafiken erläutert. Auch die Schnittauflage bei der Modellanleitung ist eine hilfreiche Unterstützung für den Stoffzuschnitt. Die blauen Seiten zeigen Ihnen nach Nähschulmanier bestimmte Arbeitsgänge in Wort und Bild.

Überzeugen Sie sich selbst von diesem umfangreichen Nähbuch mit einem Nähservice besonderer Art.

INHALT

WERKZEUG

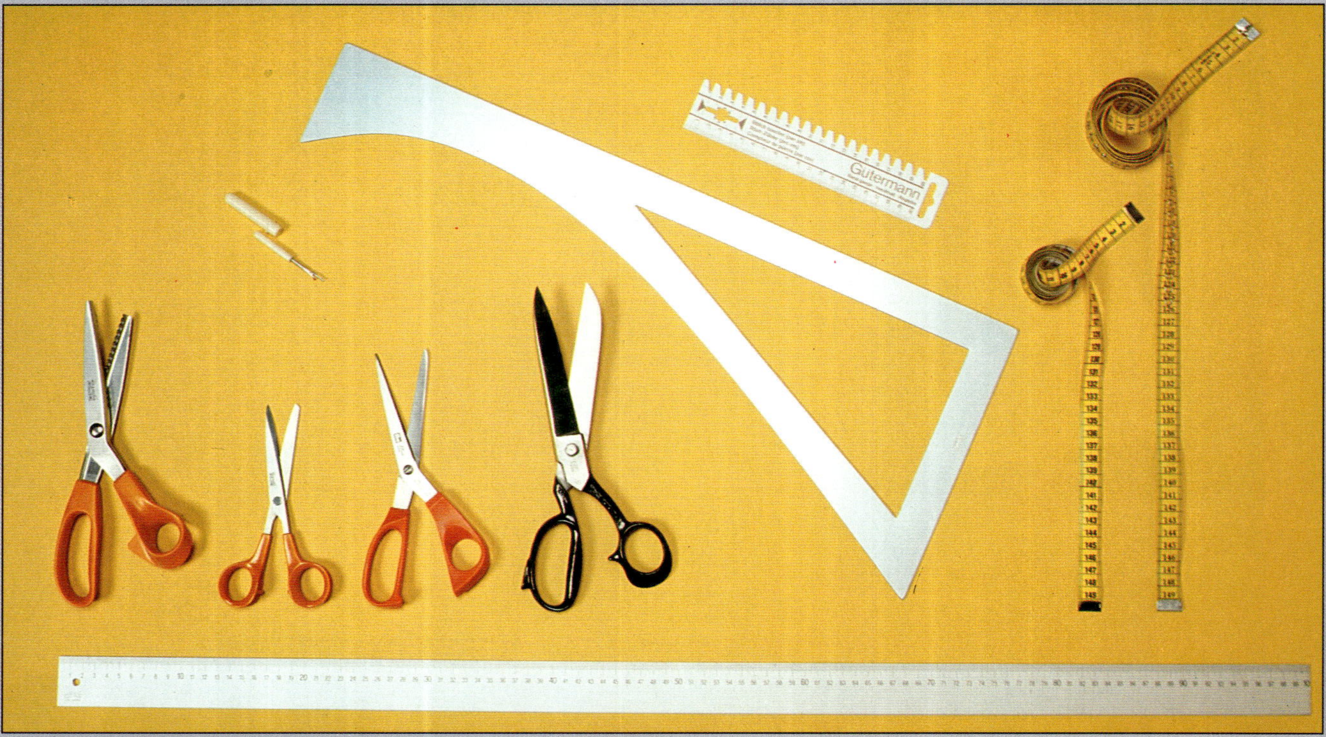

Von Anfang an das richtige Werkzeug

Jede Schneiderin sollte nur Hilfsmittel von guter Qualität benützen, denn nichts ist ärgerlicher als schlecht funktionierende Arbeitshilfen, die nicht handlich sind und das Nähen nur erschweren. Was Sie außer einer Nähmaschine und einem Bügeleisen mit oder ohne Dampffunktion noch alles brauchen und worauf Sie achten sollten, darüber informiert Sie unsere aufschlußreiche Werkzeugliste.

Das Taillenmetermaß

ist für die routinierte Scheiderin eine große Meßhilfe. Die cm-Einteilung ist von 50 bis 100 gelocht, so daß mit dem Haken am Maßbandanfang genau die Taillenweite durch Einhaken in eine Lochung fixiert werden kann.

Das Maßband

gibt es in einer Länge von 1,50 m und 2 cm Breite mit einer mm- und cm-Einteilung. Es ist aus einem behandelten Leinenband gefertigt, das sich nicht ausdehnen kann. Um ein Ausfransen oder Verziehen an den Enden zu vermeiden, sind diese mit einem Metallblättchen eingefaßt. Behandeln Sie Ihr Maßband richtig, nur so hat es eine lange Lebensdauer. Am besten bewahren Sie es hängend auf. Mehrmaliges Aufrollen oder Knikken schadet nur und macht es brüchig.

Der Zuschneidewinkel

ist neben dem Lineal und einem Handmaß ein wichtiges Arbeitsgerät für die Schneiderin. Es gibt ihn in verschiedenen Größen. Mit der Rock-, Armloch- und Abnäherrundung erleichtert er vor allen Dingen das Schnittzeichnen.

Das Handmaß

ist eine nützliche Arbeitshilfe bei Säumen und Falten, da es durch eine 20 cm Maßeinteilung kurz und daher für jede Schneiderin handlich ist. Es sollte auch immer neben der Maschine liegen, um schnell zur Hand zu sein, wenn ein Maß überprüft werden muß.

Die Schere

ist ein Symbol des Schneiderhandwerks und wichtiger Bestandteil des Nähwerkzeuges. Sie sollte von guter Qualität sein und einwandfrei funktionieren. Achten Sie beim Kauf auf einen bequemen Griff, eventuell mit einer Anlegeschiene.

Die Pflege einer Schere darf nicht vernachlässigt werden, das heißt: möglichst nicht fallen lassen, da sich die Blätter verbiegen könnten, und öfters einmal den Drehpunkt ölen. Nur gut geschärfte Scherenblätter arbeiten einen sauberen und fransenfreien Schnitt. Schneiden Sie auch daher niemals mit einer Zuschneideschere Papier. Dafür gibt es Haushaltsscheren. Außerdem brauchen Sie eine Handschere mit einem spitzen und einem abgerundeten Blatt. Stoffkanten, die nicht so leicht ausfransen, können mit einer Zackenschere versäubert werden. Diese gibt es in verschiedenen Größen im Fachhandel.

Das Trennmesser

kann zum schonenden Aufschneiden von Knopflöchern dienen, aber auch bereits zusammengenähte Stoffteile können damit wieder getrennt werden. Hierbei ist allerdings Vorsicht geboten.

WERKZEUG

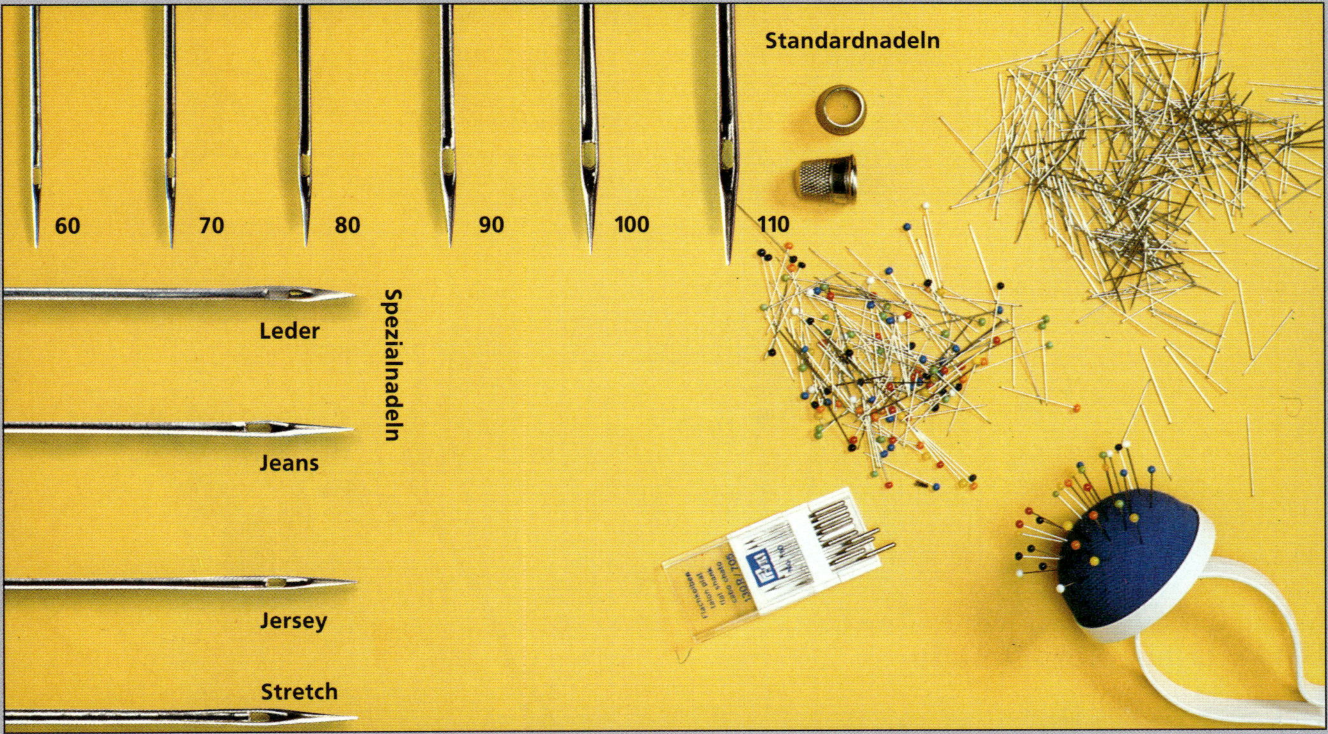

Die Maschinennadel

muß ganz besonders auf den Stoff, aber auch auf den Faden abgestimmt sein. Sie sollte beim Durchstechen des Gewebes keine Markierungen – sprich Nählöcher – hinterlassen. Stumpfe, mit aufgerauhtem Öhr oder verbogene Nadeln tauschen Sie bitte sofort aus. Die meisten Haushaltsmaschinen haben Nadeln mit einem Flachkolben, der ein leichtes und richtiges Einsetzen ermöglicht.

Für leichte Stoffe wie Popeline, Taft, Batist, Seidenkrepp, Chiffon, Seidenstoffe jeglicher Stärke verwenden Sie bitte Nadelstärke 70-80.

Bei feinen Wollqualitäten, Flanell, Samt, Leinen, Atlasstoffen, also Materialien mit mittlerer Stoffgriffigkeit, nehmen Sie die Stärke 90.

Bei ganz schweren Materialien wie Kamelhaar, Loden, Tuche, Cord und Jeans brauchen Sie die Stärke 100-110.

Unumgänglich sind Spezialnadeln mit abgerundeter Spitze für Jersey- und Stretchmaterialien. Für Leder eignen sich Nadeln mit Dreikantspitz. Das Kurzwarenprogramm bietet in dieser Richtung eine große Auswahl.

Die Handnähnadel

gibt es in verschiedenen Längen und Stärken. Je höher die Zahl, desto kürzer und feiner ist die Nadel. Bestimmend hierfür ist das Stoffmaterial. Zum Beispiel wird Seide mit einer kurzen, dünnen Nadel und griffige bzw. starke Qualität mit einer langen, festen Nadel verarbeitet.

Für ein sauberes Arbeiten kommen nur glatte und mit feiner Spitze hergestellte Nadeln in Frage.

Die Stecknadeln

sind beim Nähen nicht wegzudenken. Nur rostfrei ausgerüstete und dünne Nadeln verursachen keine Schäden am Nähgut. Im Handel erhältlich sind Stecknadeln mit Flach- und Kugelköpfen aus Glas oder Kunststoff. Sie werden schnell feststellen, welche Art für Ihre Handhabung am geeignetsten ist. Die Kugelkopfnadeln sind ideal für locker gewebte Stoffarten, da ein Durchrutschen nicht so leicht möglich ist. Nadeln mit abgebrochener Spitze beschädigen das Nähmaterial und haben daher im Nähkorb nichts mehr zu suchen. Verbogene Nadeln sind ebenfalls unbrauchbar.

Der Fingerhut

dient zum Schutz des Mittelfingers der Nähhand und sollte gut sitzen. Es wird unterschieden: die geschlossene Form, der Fingerhut – und die offene Form, der Nähring. Letzterer ist sehr vorteilhaft, da die Fingerspitze frei ist und kein Luftstau entstehen kann.

Ideal ist der Stahlnähring mit Zinkfutter, da dieser keinen Grünspan zieht und auch nicht anschwärzt.

Das Nadelkissen

hilft Ihnen die Stecknadeln griffbereit aufzubewahren. Am besten eignen sich Nadelkissen mit zwei Plastikklemmen, die bei der Anprobe fest an Ihrem Unterarm sitzen.

MASSNEHMEN

Wichtig beim Maßnehmen ist eine gerade Körperhaltung. Am besten, Sie bitten eine Freundin, das Abmessen an Ihnen zu übernehmen. Das Maßband soll eng, aber nicht zu stramm am Körper anliegen. Eine leichte Bekleidung ist ratsam. Tragen Sie beim Messen alle Maße in die Tabelle ein. Um Ihre Modellschnittgröße feststellen zu können, vergleichen Sie folgende Maße mit denen der Tabelle:

Brustumfang – Taillenumfang – Hüftumfang
Bei Abweichungen entscheidet das Maß des Brustumfanges, welche Größe der Ihren entspricht. Alle anderen sogenannten Kontrollmaße sind nach der Schnittabnahme auf dem Schnitt selbst zu vergleichen. Hierbei kann so manches Figurproblem erkannt und vor dem Nähen berücksichtigt werden. Über das »Wie?« informiert Sie die Schnittkorrektur, Seite 12 und Seite 13:

Individuelle Körpermaße	
1. Brustumfang	
2. Taillenumfang	
3. Hüftumfang	
4. Vordere Taillenlänge	
5. Brusttiefe	
6. Rückenbreite	
7. Rückenlänge	
8. Vordere Brustbreite	
9. Oberarmweite	
10. Rocklänge	
11. Schulterbreite	
12. Ärmellänge	

Maßtabelle

Größe	36	38	40	42	44	46
Brustumfang	84	88	92	96	100	104
Taillenumfang	66	70	74	78	82	86
Hüftumfang	91	94,5	98	101,5	105	108,5

MASSNEHMEN

1. Wir beginnen mit dem **Brustumfang,** der von hinten nach vorne über den Busen gemessen wird. Achten Sie bitte darauf, daß das Maßband nicht verrutscht.

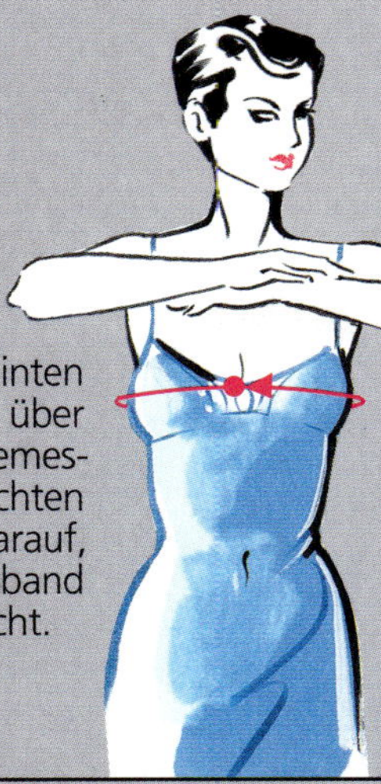

2. Um den **Taillenumfang** zu messen, wird das Maßband von hinten nach vorne um die engste Stelle zwischen Oberkörper und Hüfte gelegt. Bitte keine Schummeleien wie zum Beispiel Bauch einziehen.

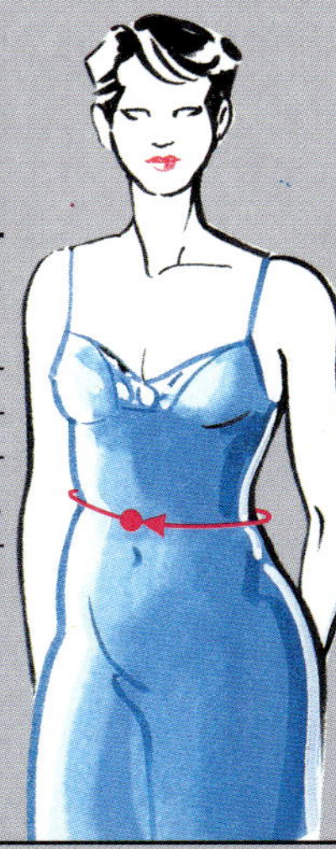

3. Beim **Hüftumfang** wird das Maßband ebenfalls von hinten nach vorne um den Körper gelegt. Beachten Sie dabei bitte, daß Sie nicht über die Hüftknochen, sondern über die stärkste Stelle des Gesäßes messen.

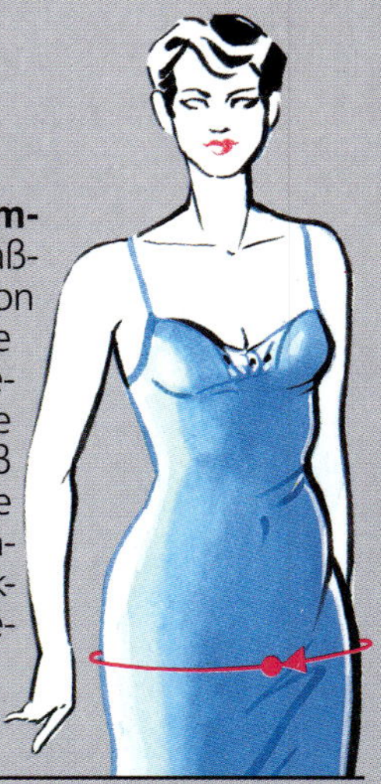

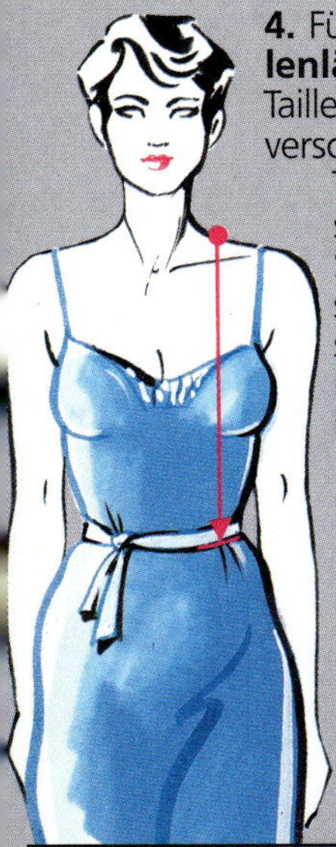

4. Für die **vordere Taillenlänge** ein Band oder Taillenmaß mit Häkchenverschluß stramm um die Taille legen und schließen. Von der Schulter am Halsansatz über die Brustspitze bis zum unteren Rand des Taillenbandes messen.

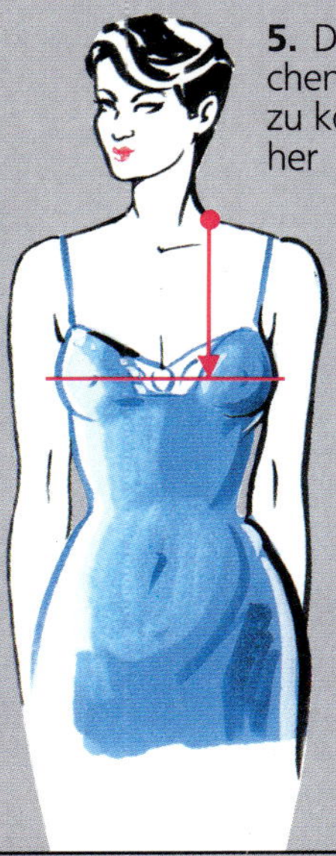

5. Die **Brusttiefe** brauchen Sie, um überprüfen zu können, ob ein Abnäher eines Modellschnittes in der richtigen Höhe sitzt. Das Maßband auf der Schulter am Halsrand anlegen und bis zur Brustspitze messen, dabei auf normale Körperhaltung achten.

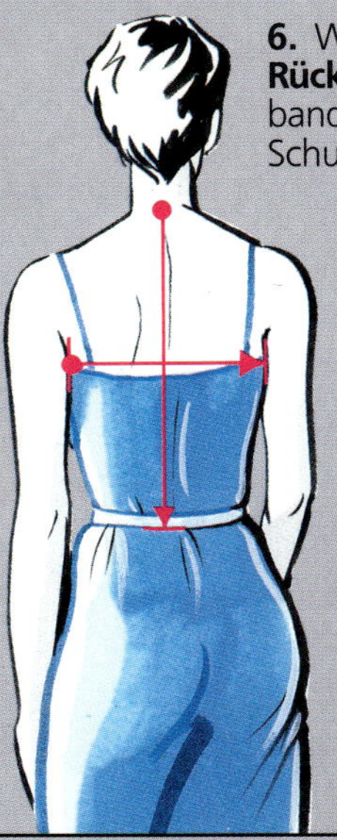

6. Wir messen nun die **Rückenbreite.** Das Maßband waagrecht über die Schulterblätter von einem Armansatz zum anderen anlegen. Eine kleine Hilfe: unter beide Arme ein Lineal oder ein Heft klemmen.

7. Jetzt benötigen wir wieder das Taillenband für die **Rückenlänge.** Das Maßband am 7. Halswirbel anlegen und bis zum unteren Rand des Bandes messen.

8. Die **vordere Brustbreite** sollten Sie bei starker oder geringer Oberweite besonders beachten. Wir messen von einer Seite ab dem Mittelpunkt unterhalb der Achselhöhle bis zur anderen Seite. Achten Sie darauf, daß das Maßband genau über die Brustspitzen geführt wird.

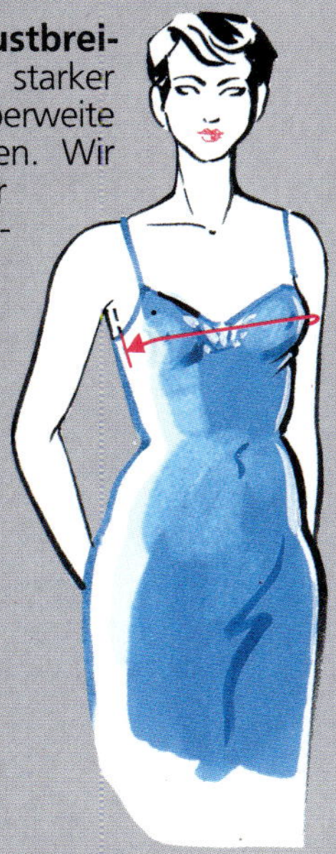

9. Die **Oberarmweite** brauchen wir als Kontrollmaß, beispielsweise bei Hemdblusenärmeln, als Schnittmaß für kurze Ärmel mit Bündchen- oder Smokabschluß. Gemessen wird an der stärksten Stelle des Oberarmes.

10. Die **Rocklänge** ändert sich von Saison zu Saison. Wir erhalten die Länge, indem wir das Maßband am unteren Rand des Taillenbandes anlegen und an der gewünschten Stelle das Saummaß ablesen.

11. Auf der Schulter am Halsansatz legen wir unser Maßband an und messen die **Schulterbreite** bis zu der Stelle, an der die Schulter abfällt.

12. Entweder Sie führen das Maßband vom Halsrand gleich weiter bis zum Handgelenk und ziehen dann die gemessene Schulterbreite ab, oder Sie setzen für das Maß der **Ärmellänge** das Band neu an und messen bis zum Handgelenk.
Durch leichtes Beugen des Armes berücksichtigen Sie gleich den Bewegungspielraum.

FACHAUSDRÜCKE

Abfüttern

Eine Verarbeitungsart, bei der die linke Stoffseite mit Futter abgedeckt wird. Dies können Patten oder Taschen sein, die in diesem Falle gleichzeitig mit dem Futter verstürzt* werden.
Bei Mänteln, Jacken, Kleidern, Hosen und Röcken wird beim Abfüttern das Futter in das Kleidungsstück eingearbeitet. Hierbei unterscheiden wir eine Ganz- und eine Halbabfütterung. Beim letzteren braucht ein Mantel zum Beispiel nur bis zur Hüfte abgefüttert oder bei einem Kleid kann das Futter nur im Rockteil eingearbeitet werden.

Aufbügeln

Applikationen oder Einlagen, die mit einer Klebschicht versehen sind, können auf eine bestimmte Stelle des Stoffteiles mit Hitze und Druck aufgebügelt werden.

Ausbügeln

Nach dem Zusammennähen zweier Stoffteile die Nahtzugaben* der Verbindungsnaht von der linken Stoffseite dauerhaft auseinanderbügeln. Die Kanten dürfen sich aber auf der rechten Stoffseite nicht durchdrücken. Am besten das Material vorher probebügeln.

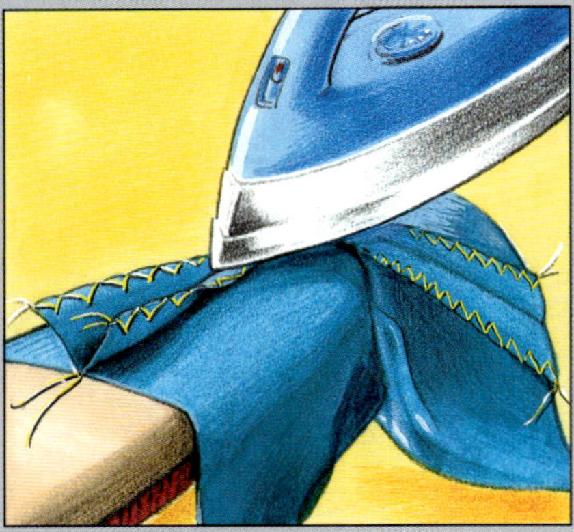

Absteppen

Kanten, Kragen, Manschetten, Taschen und auch Verbindungsnähte können mit einer Ziernaht versehen werden.
Knappkantig absteppen heißt, daß die Nadel 2 mm von der Kante ins Nähgut* einsticht.
Füßchenbreit absteppen bedeutet einen Abstand von 8 mm zur Kante.

Beleg

Ein zugeschnittenes Stoffteil, das man an noch nicht versäuberte Rundungen oder Kanten rechts auf rechts legt, festnäht und zur linken Stoffseite umbügelt. Meistens wird ein Beleg nach einer Schnittform zugeschnitten (Formbeleg). Durch zusätzliches Aufbügeln* einer Einlage erhält dieser eine Festigkeit und verhindert somit eine Ausdehnung bzw. Verformung einer Naht.
Den angeschnittenen Beleg findet man oft an geraden Kanten, wie zum Beispiel an einem Blusen- und Jackenvorderteil mit hochgeschlossenem Kragen. Diese Art wird bei der Schnittkonstruktion direkt an das Schnitteil angezeichnet und braucht nur auf die linke Seite eines Kleidungsstückes umgebügelt werden.

Blende

Eine Blende wird zusätzlich auf die rechte Stoffseite eines Kleidungstückes aufgenäht.
Eine Blende dient als Zierde oder auch als Verschluß. Der Zuschnitt erfolgt entweder nach einer Schnittvorlage oder nach genauen Maßangaben.

Bruch

Diesen Fachausdruck findet man oft auf Schnitteilen. Er bedeutet: Hier liegt der Stoff doppelt und erhält an dieser Stelle keine Naht.
In Bruch legen heißt, daß ein Stoffteil zur Hälfte zusammengelegt wird, so daß entweder Webkante* auf Webkante* oder Schnittkante* auf Schnittkante* trifft. Das geschieht ohne besonderen Hinweis immer in Fadenlaufrichtung*.

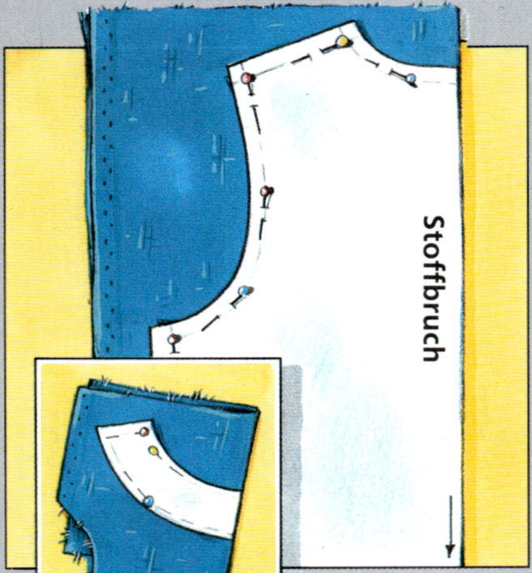

Einbügeln

Dieser Ausdruck wird auf den Schnitteilen durch wellenförmige Zeichen angegeben und auch in der Arbeitsanleitung noch einmal hervorgehoben. Er bedeutet, daß eine bestimmte Stoffüberweite durch Hitze, Druck und Dampf gestaucht bzw. eingehalten* wird. Dies geschieht dann, wenn eine Form erreicht werden soll, die dem Körper angepaßt, aber alleine durch die Schnittkonstruktion nicht erreicht wird. Es ist das Gegenteil von dehnen.

Einhalten

Eine Stoffüberweite, die sich zum Beispiel am Taillenrand eines Rockes, einer Hose oder an einem Ärmelzuschnitt entlang der Armkugel befindet, wird durch Einziehen eines Fadens an angegebener Stelle, mit 4 mm langen Maschinensti-

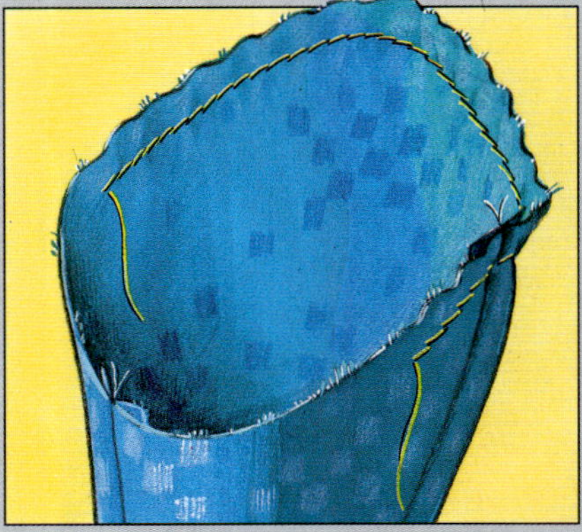

chen oder auch kleinen Handstichen 8 mm von der Kante und durch Anziehen eingehalten. Es entsteht hierbei eine leichte Wellung, die bei der Weiterverarbeitung mit eingenäht wird. Es dürfen keine Kräuselfalten zu sehen sein, nur eine glatte Naht ist richtig. So bekommt zum Beispiel ein glatt eingesetzter Jackenärmel an der Armkugel genau die richtige Rundung und somit einen optimalen Sitz.

FACHAUSDRÜCKE

Einschneiden

Bei Ecken oder Rundungen zum Beispiel wird die Nahtzugabe* bei Verbindungsnähten oder nach dem Annähen eines

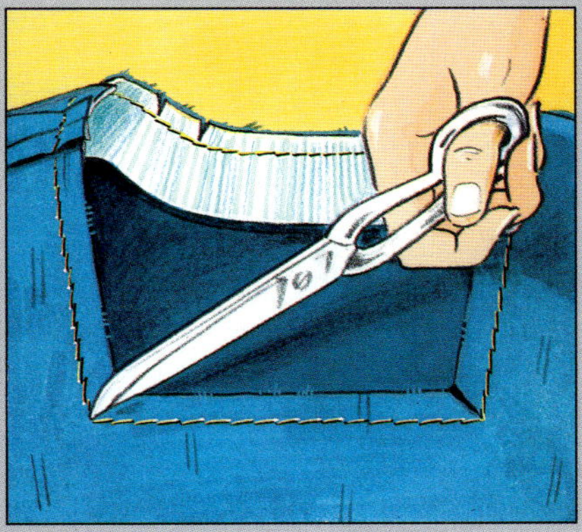

Beleges* bis 2 mm vor die Stepplinie eingeschnitten bzw. eingeknipst. Ecken und Rundungen legen sich somit leicht und exakt in Form.

Fadenlauf

Ein Gewebe besteht aus Kett- und Schußfäden. Vereinfacht gesagt: aus Längsfäden (1 Faden = Kette), die parallel zur Webkante* laufen, und Querfäden (1 Faden = Schuß), die im rechten Winkel dazu verlaufen. Da ein Kettfaden immer stabiler und reißfester ist als ein Schußfaden, werden die Schnitteile meistens im Längsfadenlauf aufgelegt. Um eine richtige Schnittauflage zu erhalten, wird auf den einzelnen Schnitteilen eine Pfeillinie eingezeichnet.
Der Schrägfadenlauf läuft diagonal zum Längs- und Querfaden und wird zum Beispiel beim Zuschnitt von Schrägstreifen angegeben.

Fixieren

Einlagen werden mit der beschichteten Seite auf die linke Seite eines Oberstoffes mit Hitze und Druck aufgebügelt*. Hierbei schmilzt die Beschichtung (eine Haftmasse) und verbindet sich mit dem Oberstoff. Vor Bügelbeginn sind die Temperaturangaben, die auf den betreffenden Einlagen aufgedruckt sind, zu berücksichtigen. Fixieren ist eine Verarbeitungstechnik, die durch eine schnelle und dauerhaft tragebeständige Verbindung überzeugt.

Kräuseln

Durch zweimaliges Absteppen einer Kante, zuerst 5 mm, dann 8 mm mit 4 mm langen Maschinenstichen, wird durch Anziehen der unteren zwei Fäden (obere Fadenspannung etwas lockerer stellen) die Mehrweite/Überweite* eines Stoffteiles eingehalten. Es entstehen kleine Rollfältchen, die bei der Weiterverarbeitung bzw. beim Ein- und Annähen eine sogenannte Kräuselung ergeben.

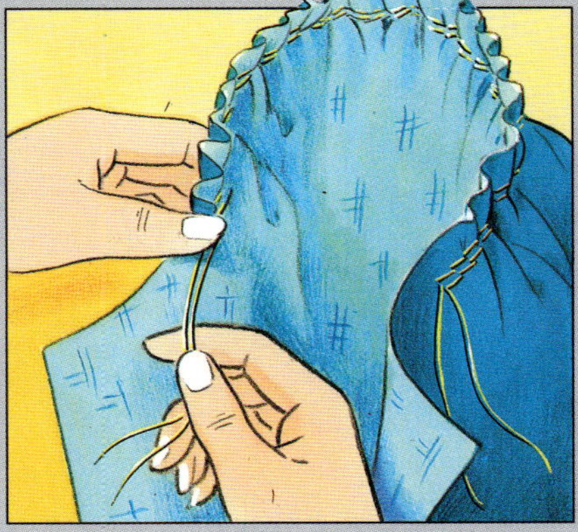

Mehrweite

Bei einer Verbindungsnaht, zum Beispiel eines Vorderteiles und eines Rückteiles an der Schulter ist festzustellen, daß der rückwärtige Schulterzuschnitt etwas breiter ist. Diese sogenannte Mehrweite wird während des Nähvorganges eingehalten*.

Nähgut

Bezogen auf alle Stoffmaterialien, deren Zuschnitt vollendet ist und die der Weiterverarbeitung unterliegen.

Nahtzugabe

Wörtlich gesagt: Die Zugabe zur Nahtlinie. Sie ermöglicht eine Verbindung mit einem weiteren Stoffteil, wobei diese Zugabe (meistens 1 cm) weggenäht wird und am fertigen Modell nicht sichtbar ist.

Schnittlagebild

Eine Hilfestellung für den Stoffzuschnitt, bei der in einer grafischen Verkleinerung dargestellt wird, wie die einzelnen Schnitteile optimal nach Stoffverbrauchsangaben auf den Oberstoff aufgelegt und zugeschnitten werden.

Übertritt
Obertritt – Untertritt

Ein Überlappen von zwei fertig genähten Kanten (z. B. Bundenden), bei der die eine Kante (Untertritt) unter der anderen liegt (Obertritt).

Umbruch

Auf verschiedenen Schnitteilen als Linie angegeben. Entlang dieser Markierung wird das zu verarbeitende Stoffteil umgeschlagen.

Versäubern

Die Schnittkanten von zugeschnittenen Stoffteilen werden, um ein Ausfransen zu verhindern, entweder mit einem Zick-Zack-Stich oder mit einem Überwendlingsstich (Overlock) abgenäht.
Bei Futterware kann hierfür auch eine Zackenschere verwendet werden.

Verstürzen

Um einen sauberen Kantenabschluß von zwei Stoffteilen zu bekommen, werden diese rechts auf rechts liegend (rechte Stoffseiten) zusammengenäht und anschließend umgestülpt, so daß die rechte Stoffseite außen, die Nahtzugabe* innen liegt. Die so entstandene Kante mit Naht wird ausgerichtet bzw. in Form gelegt und glattgebügelt.

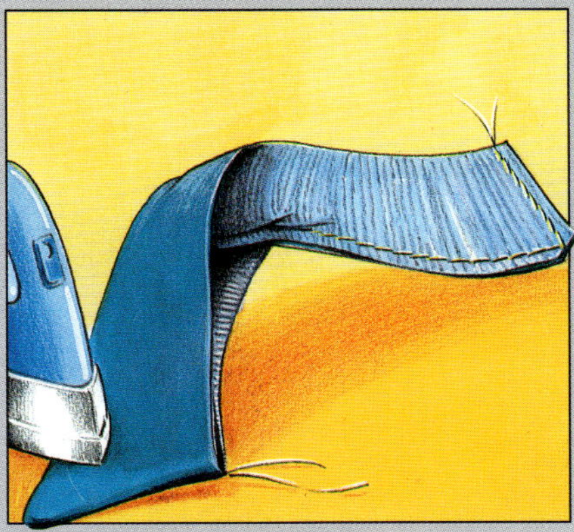

Webkante

Stoffe werden in bestimmten Breiten gewebt, deren seitliche Kanten, bedingt durch die Herstellungsart, einen Abschluß bekommen, der nicht ausfranst.

*** Dieses Wort ist ebenfalls im Verzeichnis aufgeführt.**

SCHNITTKORREKTUR

VERSCHMÄLERN UND VERBREITERN DER SCHULTER

Beim Verschmälern der Schulter, die Differenz von Schnitt- und Körpermaß entlang der Schulternahtlinie an beiden Schnitteilen (Vorder- und Rückteil) abtragen. Von dieser Stelle aus zwei Drittel der Armlochnahtlinie neu einzeichnen. Ebenso die Nahtzugabe.

Beim Verbreitern der Schulter Papier unterlegen, die Schulternahtlinie verlängern und die Differenz von Schnitt- und Körpermaß daran abtragen. Von dieser Stelle aus zwei Drittel der Armlochnahtlinie neu anzeichnen. Ebenso die Nahtzugabe.

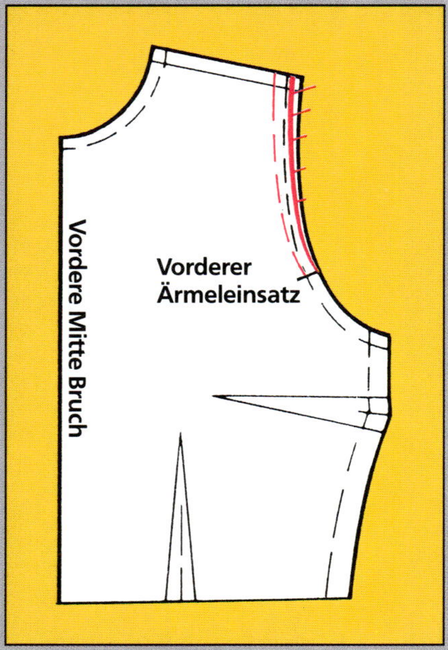

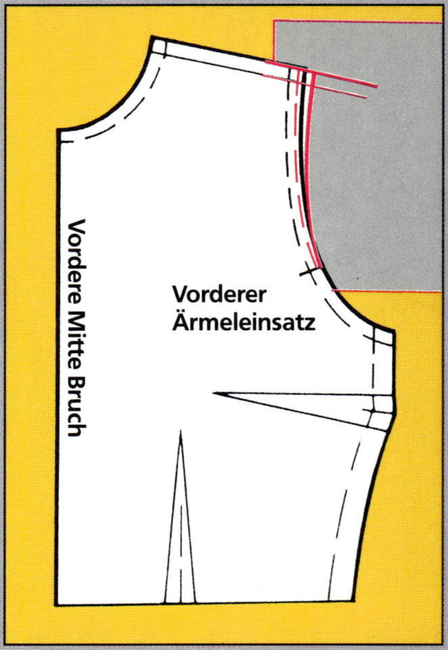

VERKÜRZEN UND VERLÄNGERN EINES ÄRMELS

Wenn der Ärmel zu lang ist, im unteren Drittel des Schnitteils eine waagrechte Hilfslinie zum Fadenlauf ziehen. Die Differenz von Schnitt- und Körpermaß ab dieser Linie nach oben abtragen, wiederum eine Linie ziehen und den Ärmel an dieser Stelle von oben nach unten so falten, daß beide Linien exakt aufeinandertreffen. Die seitlichen Ärmelkanten ausgleichen.

Bei zu kurzer Ärmellänge das untere Drittel des Schnittes waagrecht zum Fadenlauf abtrennen, ein Stück Papier nehmen und beide Schnitthälften, um das Differenzmaß, auseinandergezogen, so darauf plazieren, daß die Fadenlauflinien sich exakt gegenüberliegen. Danach die seitlichen Ärmelkanten ausgleichen.

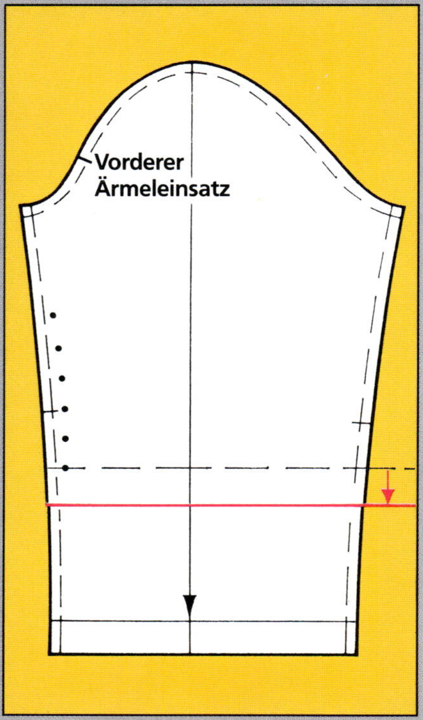

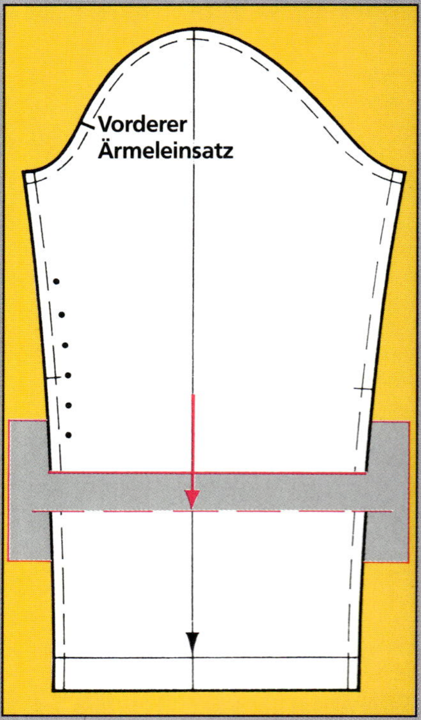

ÄNDERUNG DER TAILLENWEITE BEI EINEM ROCK

Die Differenz von Schnitt- und Körpermaß (+ 2 cm Bewegungsweite) vierteln. Dieses Maß auf der Taillennahtlinie von Vorder- und Hinterrock ab der seitlichen Nahtlinie entweder dazuzeichnen (Taille erweitern) oder wegzeichnen (Taille verengen). Ab dem neuen Taillenpunkt die seitliche Nahtlinie bis zum Hüftpunkt neu einzeichnen. Die Änderung wird an Vorder- und Hinterrock ausgeführt.

SCHNITTKORREKTUR

ÄNDERUNG DER HÜFTWEITE BEI EINEM ROCK

In Höhe des Hüftpunktes eine waagrechte Linie ziehen. Die Differenz von Schnitt- und Körpermaß (+ 4 cm Bewegungsweite) vierteln und an der Linie, je nach Änderung, dazugeben oder wegnehmen. Gemessen wird immer ab der Nahtlinie! Die Änderung an beiden Schnitteilen (Vorder- und Hinterrock) ausführen. Ab der Taille, über die neue Hüftweitestelle bis hinunter zum Saum eine neue Seitennahtlinie einzeichnen.

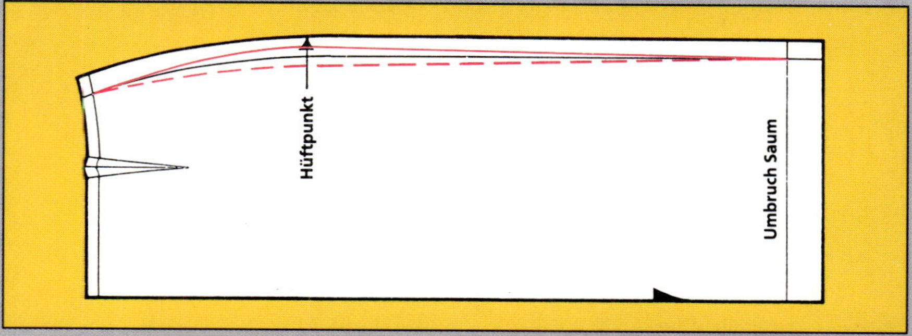

ÄNDERUNG BEI EINEM STARKEN GESÄSS

Geändert wird hier nur das hintere Rockteil. Vom Hüftpunkt ausgehend eine zum Fadenlauf waagrecht verlaufende Linie bis zur hinteren Mitte einzeichnen. Den Anhänger halbieren und senkrecht im rechten Winkel zur Hüftlinie bis zur Umbruchlinie des Saumes eine weitere Hilfslinie einzeichnen.
Die Saumzugabe wegschneiden, dann beide Hilfslinien bis 2 mm vor Saumlinienende und seitlicher Schnittkante einschneiden.
Papier unterlegen und entlang der hinteren Schnittkante parallel zum Fadenlauf eine senkrechte Hilfslinie ziehen. Schnitteil 1 entlang dieser Hilfslinie aufkleben. Schnitteil 2 1,5 cm sperren (auseinanderziehen) und ebenfalls entlang dieser Hilfslinie aufkleben. Schnitteil 3 + 4 so legen, daß der Abnäher 3 cm Sperrweite erhält. Auf gleiche Höhe der Schnittpunkte achten!
Um die 3 cm zusätzliche Sperrweite zu verteilen, müssen nun 2 Abnäher konstruiert werden. Von der hinteren Mitte Nahtlinie 6 cm nach links, (s. Punkt V). Von diesem Punkt aus die ehemalige Abnähertiefe + 0,6 cm (von der 3 cm Sperrweite) weiter nach links abtragen, (s. Punkt W). Die Strecke X (seitliche Nahtlinie) bis W abmessen und halbieren. Die restliche Sperrweite 2,4 cm durch 2 teilen und sowohl rechts als auch links der halbierten Strecke X/W abtragen. Beide Abnäher halbieren und eine senkrechte Hilfslinie im rechten Winkel zu Hüftlinie ziehen.
Die Länge des Abnähers (vor Beginn der Änderung) auf die Senkrechte des rechten Abnähers übertragen und von diesem Punkt aus über W + V auszeichnen. Die Länge des linken Abnähers beträgt 11 cm und wird über Y – Z ausgezeichnet.

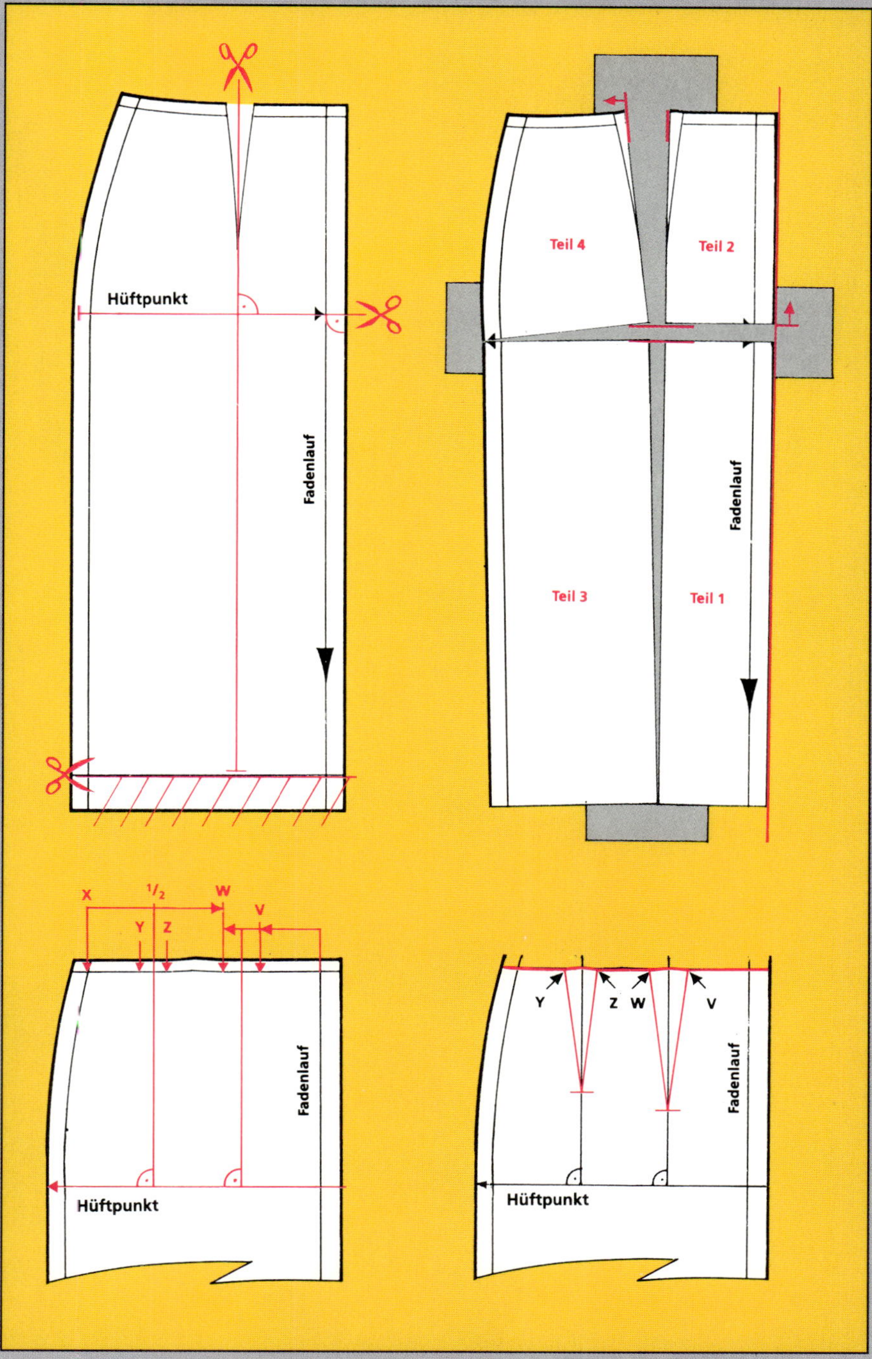

Chic in den Frühling

IN DEN GRÖSSEN 36-46

ROMANTISCHE BLUSE

vielseitig kombinierbar

Stickereien schmeicheln der Weiblichkeit, besonders wenn die Motive so zart wie diese Muster der Fa. Cremer KG ausfallen. Sie erhalten diese zu günstigen Preisangeboten in vielen Kaufhäusern. Das Material: 65% Polyester, 35% Baumwolle. Die Pflege: Waschen mit 60° und bügeln auf Stufe 2.

Stoffverbrauch

Gr. 36+38 = 175 cm
Gr. 40+42 = 195 cm
Gr. 44+46 = 210 cm
Diese Angaben beziehen sich auf eine Stoffbreite von 140 cm.

Zuschnitt

Achtung! Alle Schnitteile sind inklusive Nahtzugabe.
Legen Sie Ihren Stoff im Bruch zusammen, so daß die rechte Stoffseite innen liegt. Alle Schnitteile laut Schnittlageplan auflegen, feststecken und zuschneiden. Alle Paß- und Markierungspunkte übertragen. Schneiden Sie auch die erforderlichen Einlagen zu, und bügeln Sie diese auf die linke Stoffseite der betreffenden Teile auf: vorderer Beleg und rückwärtiger Beleg.

Näharbeit

Versäubern Sie alle Schnittkanten bis auf vordere Blusen- und Belegkante, Blusen- und Belegsaum sowie den Halsring von Vorder- und Rückteil und den Halsring der Belegteile.

Schulterpasse

Das Vorderteil an der vorverlegten Schulternaht mit großem Stich (am besten 2x) vornähen und auf die Passenlänge einreihen.
Nun die Passe rechts auf rechts auf das Vorderteil legen, anstekken, festnähen, die Nahtzugabe nach oben bügeln und kantig absteppen (Paßpunkte 4, 7, 8+3).
Das Rückteil an die Passe anstecken, annähen und ebenfalls absteppen (Paßpunkte 5+6).

Beleg

Nähen Sie die Belegteile rechts auf rechts an der Schulter zusammen (Paßpunkt 1), und bügeln Sie nun die Nahtzugabe aus. Anschließend den Beleg an Vorderkante, Ausschnitt sowie rückwärtigen Halsring stecken und annähen. Die Nahtzugabe am Rückteil an den Rundungen einschneiden. Den Beleg wenden, die Kanten bügeln und die Ausschnittecke des Vorderteiles ausrichten.

Seitennaht und Saum

Die Seitennaht schließen (Paßpunkte 11+12) und die Saumkante mit der Kante des aufgeschlagenen Belegs 1 cm ein-

Bluse:
Stickereistoff (Cremer KG)
Vlieseline H 200, weiß
Nähgarn Seralon S (Amann)
8 Knöpfe
1 Paar Schulterpolster
Gummiband, 4 cm breit

und 1 cm umbügeln. Die E
schlagkante von links kna
kantig durchsteppen.

Ärmel und Bündchen

Die Falten am Ärmel – rec
Stoffseite liegt oben – in Pf
richtung legen, stecken (P
punkt 2) und entlang der Ar
kugelrundung festnähen. D
Saum mit einer großen Stiche
stellung 2x vornähen und
Bündchenweite einreihen.
Das Bündchen auf Bruch büge
beide Längsseiten 1 cm ein
geln und rechts auf rechts
die eingereihte Saumkante c
Ärmels stecken (Paßpunkt 1
Die Ärmelnaht zusammen
hen (Paßpunkte 11 + 14), dal
das gebügelte Bündchen – a
einandergelegt – in einem
beitsgang zu einem Ring sch
ßen. Anschließend die Nahtz
gabe auseinander- und c
Bündchen nochmals im Bru
nachbügeln. Die Nahtzugabe
das Bündchen bügeln, die inr
re Einschlagkante auf die Step
linie stecken und mit Hands
chen befestigen. Den Ärm
nach Paßpunkten 11, 10, 4-
einstecken und einnähen.

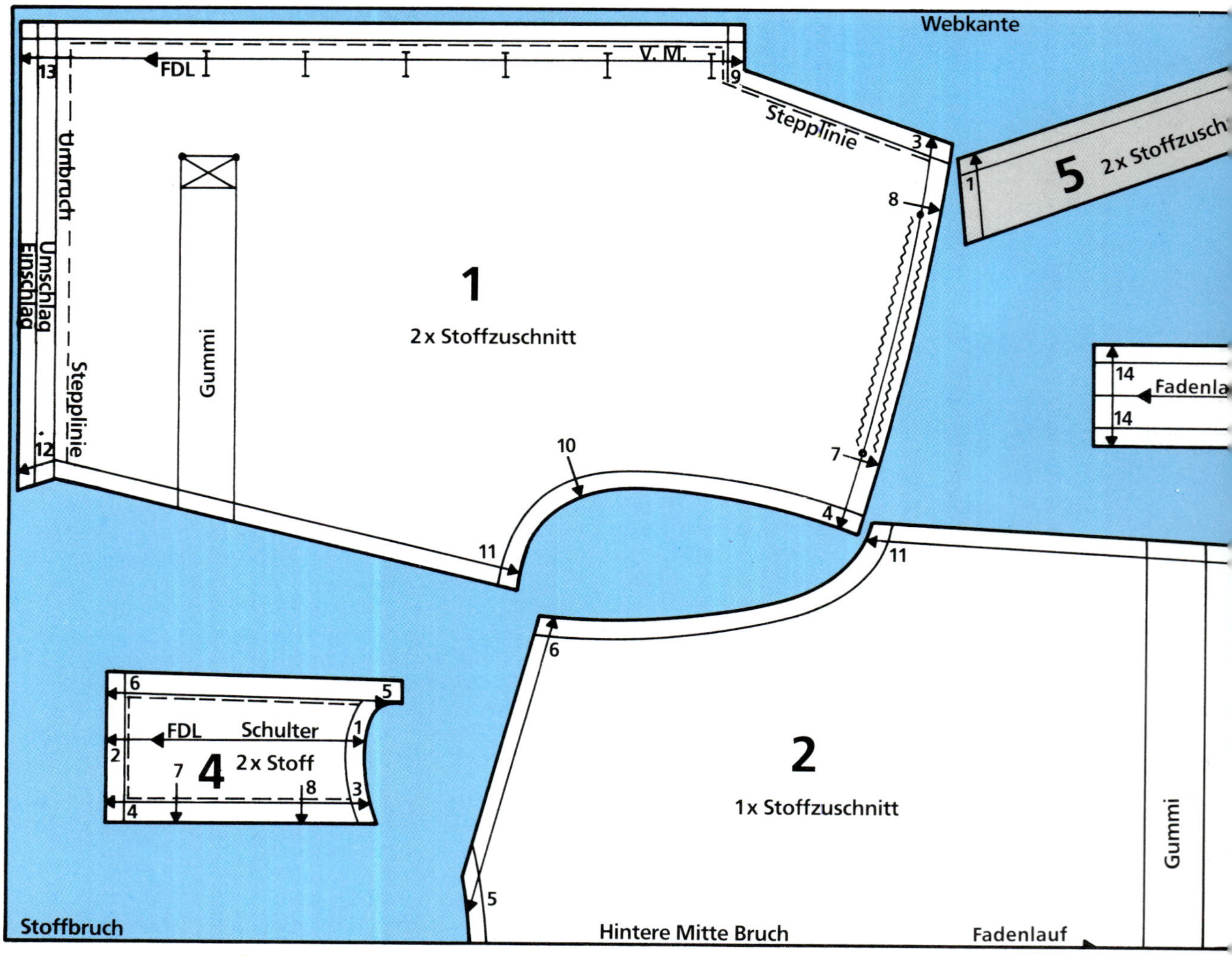

Tunnel

en Gummi auf Ihre Größe ab-
:hneiden:

r. 36 = 48 cm	Gr. 42 = 60 cm
r. 38 = 52 cm	Gr. 44 = 64 cm
r. 40 = 56 cm	Gr. 46 = 68 cm

ügeln Sie den Tunnelstreifen ındum 1 cm ein, stecken Sie ın an Vorder- und Rückteil auf, nd steppen Sie dann entlang en Längsseiten knapp ab. Den ummi mit Hilfe einer Sicher- eitsnadel einziehen, jeweils am Vorderteil feststecken und mit einem Kreuzzierstepp festnähen (Step-Grafik 1+2).

Fertigstellung

Obertritt und Untertritt bestimmen, die Knopflöcher anzeichnen, einarbeiten und auf dem linken Vorderteil die Knöpfe anzeichnen und annähen. Die Schulterpolster je nach Ausführung mit dem gleichen Stoff überziehen, einstecken, Lage überprüfen und mit Handstichen am Beleg und an der Ärmelnaht befestigen.

Hinweis:
Bei Damen und Mädchen wird von rechts nach links geschlossen, d. h. die rechte Kleidseite = Obertritt (Knopflöcher) und die linke Seite = Untertritt (Knöpfe).

① *Den Tunnelstreifen, mit der linken Seite obenauf, zuerst an den Längsseiten knapp 1 cm, dann an den Breitseiten exakt 1 cm einbügeln.*

② *Den eingebügelten Tunnelstreifen links auf rechts laut den Markierungslinien auf Vorder- und Rückteil anlegen, stecken und die Längsseiten knappkantig abnähen. Mit Hilfe einer Sicherheitsnadel den Gummi so weit einziehen, daß das Gummiende knapp in den Tunnel rutscht und fast kantengleich mit dem Tunnelanfang ist. Zuerst über Kreuz, dann im Quadrat den Gummi festnähen. Anschließend den Gummianfang mit der Sicherheitsnadel weiter einziehen, am anderen Ende durchziehen, Sicherheitsnadel entfernen und den Gummi, kantengleich mit dem Tunnelanfang, zurückgleiten lassen und wie vorher beschrieben feststecken, dann festnähen.*

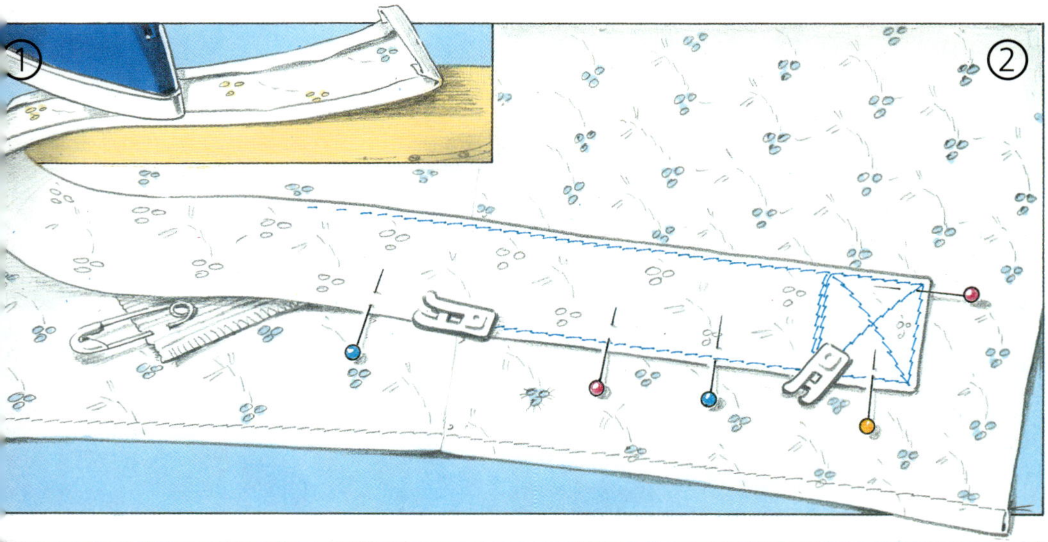

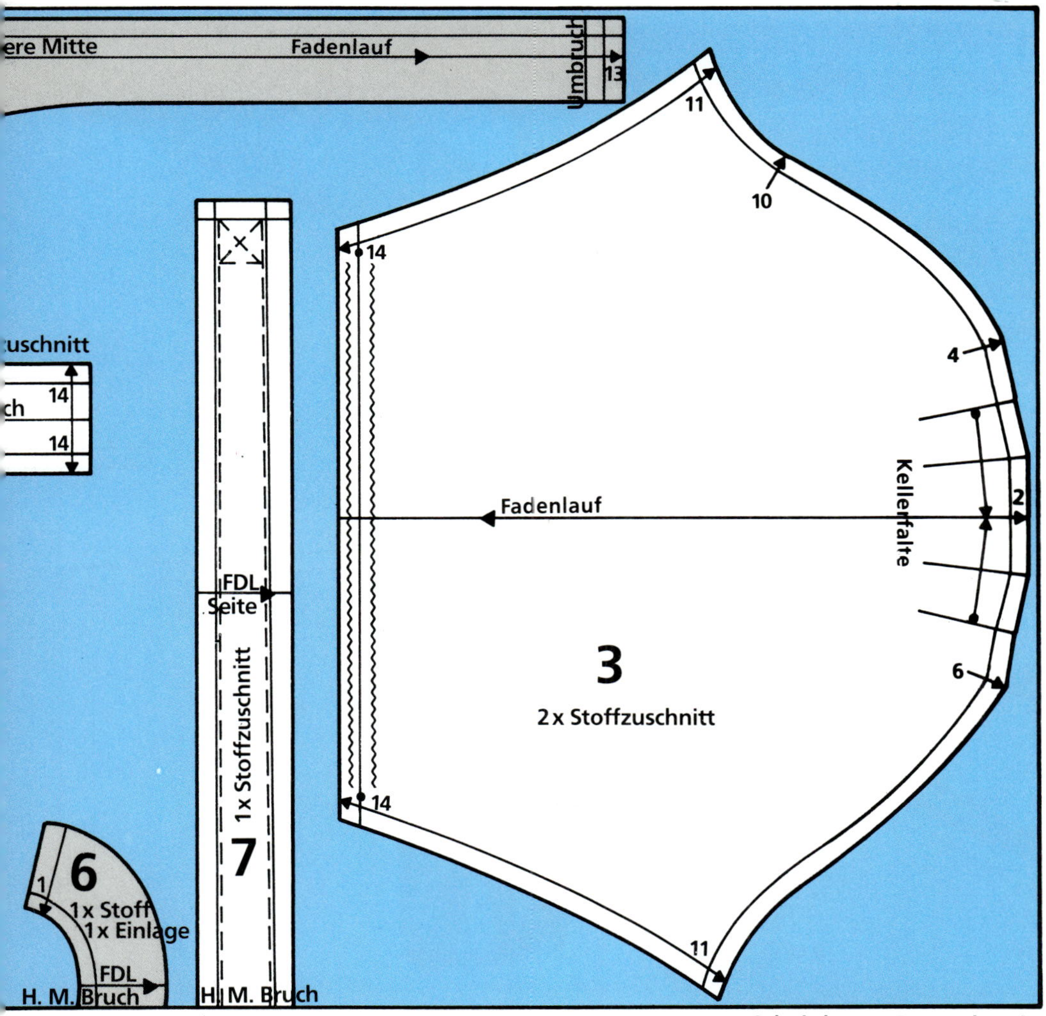

Schnittbogen 2 – Vorderseite

Das Schnittlagebild gilt für die Gr. 36 + 38 und zeigt eine Stoffbreite von 140 cm auf Bruch gelegt.

Bluse
1 Vorderteil
2 Rückteil
3 Ärmel
4 Schulterpasse
5 Vorderer Beleg
6 Hinterer Beleg
7 Tunnelstreifen
8 Ärmelbündchen

Alle Nahtzugaben 1,0 cm
Saum: 1 cm Einschlag
1 cm Umschlag

Hinweis für den Zuschnitt:
Die Schnittauflage verschiebt sich etwas bei den Gr. 40-46.

= Einlage

IN DEN GRÖSSEN 36-46

SCHLUPF-SHIRT

superschnell

Stoffverbrauch

Gr. 36–42 = 1,30 m
Gr. 44+46 = 1,35 m
Diese Angaben beziehen sich auf eine Stoffbreite von 135 cm.

Zuschnitt

Den Stoff, einfache Stofflage, mit der linken Seite nach oben auflegen und glattstreifen. Zuerst das Vorderteil aufstecken, und zwar so, daß die Saumlinie parallel zu den Streifen verläuft. Das Schnitteil mit einem dünnen Bleistiftstrich umranden, aber Vorsicht bei der Bruchkante! Diese nur an Hals und Saum andeuten und nicht durchziehen. Die Stecknadeln entfernen und das Schnitteil entlang der Bruchkante umklappen, feststecken und ebenfalls nachzeichnen. Das gleiche geschieht mit dem Rückteil. Die Saumkante muß auf gleicher Streifenhöhe wie das Vorderteil liegen. Aufstecken, anzeichnen und umklappen. Den Ärmel laut Schnittlageplan auflegen, feststecken, genau nachzeichnen und auf die andere Seite kontern. So erhalten Sie einen rechten und einen linken Ärmel bei einem einfachen Stoffzuschnitt. Auch hier darauf achten, daß die Streifen parallel und übergangslos verlaufen. Zum Schluß die Halsbelege auflegen. Vorderer Beleg im Klappverfahren wie Vorder- und Rückteil, hinterer Beleg im Konterverfahren wie beim Ärmel. Alle Teile zuschneiden.

Näharbeit

Zuerst alle Zuschnitteile versäubern bis auf die Säume und den Halsausschnitt. Vorder- und Rückteil rechts auf rechts legen und die Schulternaht schließen (Paßpunkte 1 + 2). Nehmen Sie für diese Stoffqualität eine mittlere Stichlänge (2,5-3) oder je nach Maschinenart auch einen schmalen Zickzack-Stich (1-2 Breite, die Länge wie gehabt). Nahtzugabe ausbügeln. Hinteren Halsbeleg rechts auf rechts in der hinteren Mitte zusammennähen, auseinanderbügeln und wieder rechts auf rechts auf den vorderen Halsbeleg entlang der Schulter nähen (Paßpunkt 1). Die Naht bügeln und beide Beleghälften rechts auf rechts an den Halsring von Vorder- und Rückteil stecken und annähen. Den Beleg nach innen auf die linke Stoffseite schlagen, die Nahtkante ausrichten, leicht zur Innenseite zurückschieben, bügeln und knappkantig feststeppen. Anschließend den Ärmelsaum vorbügeln, 1 cm Einschlag, 2 cm Umschlag. Rechts auf rechts auf das auseinandergeklappte Vorder- und Rückteil legen (Paßpunkte 5, 2, 3 + 4), stecken und annähen. Die Nahtzugabe zu Vorder- und Rückteil bügeln und von rechts knappkantig feststeppen. Die Ärmel- und Seitennaht schließen (Paßpunkte 7 + 6) und auseinanderbügeln. Den vorgebügelten Ärmelsaum zuerst entlang der Einschlagkante von links knappkantig, dann die Umschlagkante ebenfalls knappkantig absteppen. Den Saum von Vorder- und Rückteil 1 cm ein-, 2 cm umbügeln und von links zuerst die Einschlag-, dann die Umschlagkante knapp absteppen. Die Schulterpolster überziehen und an der Schulternaht mit Handstichen befestigen.

hirt:
ingle-Jersey (Kaufhof)
Nähgarn (Amann)
1 Paar Schulterpolster

Das Schnittlagebild gilt für die Größen 5-42. Die Stoffbreite beträgt 135 cm und wird in einfacher Stofflage zugeschnitten.

Shirt
25 Vorderteil
26 Rückteil
27 Ärmel
28 Vorderer Halsbeleg
29 Hinterer Halsbeleg

Alle Nahtzugaben 1,0 cm
äume: 1 cm Einschlag
2 cm Umschlag

Hinweis für den Zuschnitt:
Die Schnittauflage verschiebt sich etwas ei den Größen 44+46.

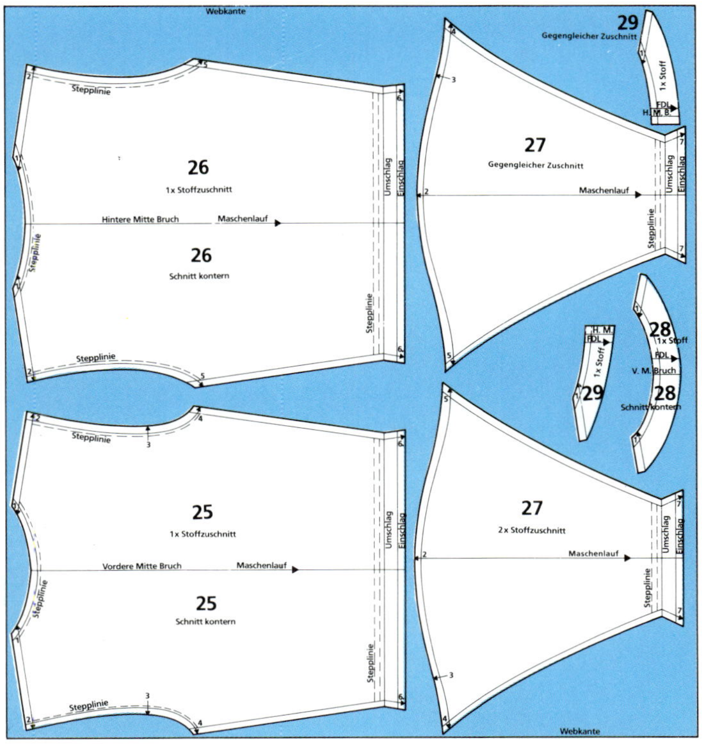

Schnittbogen 1 – Rückseite

IN DEN GRÖSSEN 36-46

STADTFEINE BLUSE AUS SMARAGDGRÜNER SEIDE

ein Näh- und Tragehit

Seide ist ein Material, das auf der Haut angenehm zu tragen ist. Übrigens! Edles muß nicht immer teuer sein. Informieren Sie sich in einem Fachgeschäft oder in der Stoffabteilung eines Warenhauses. Unser Blusenmodell wurde aus 100% indischer Seide gefertigt. Die Pflege: Handwäsche mit Seidenshampoo; bügeln auf Stufe 1; am besten aber chemische Reinigung.

Stoffverbrauch

. 36 – 42 = 3,25 m
: 44 + 46 = 3,35 m

ese Angaben beziehen sich f eine Stoffbreite von 85/ cm.

Zuschnitt

en Stoff in ganzer Breite auf n Tisch legen, so daß die linke offseite oben ist. Die Schnittle laut Schnittlageplan auflen und feststecken. Achten e darauf, daß Sie alle Schnittle zuerst aufzeichnen, dann gengleich noch einmal aufcken – das Rückteil kontern und dann erst zuschneiden.

chtung! Alle Schnitteile inusive Nahtzugabe.

n Ärmel können Sie den hlitz nach der Schnittvorgabe nschneiden. Außerdem benöjen Sie für dessen Versäubeng einen Einfaßstreifen von cm Länge und 2,5 cm Breite, n sie bitte 2mal zuschneiden.

Nähen

Versäubern Sie folgende Schnittkanten: Seitennaht, Schulternaht, innere Ärmelnaht und die Tasche – aber davon nicht die Eingriffseite.

Vorderteil

Beginnen Sie mit dem Einbügeln der vorderen Kante. Achtung! Bügeln Sie den Einschlag und Umschlag zur rechten Stoffseite, nicht zur linken. Dabei treffen die Paßpunkte 6 auf 6 und 7 auf 7. Steppen Sie anschließend die Bügelkanten füßchenbreit ab. Sehen Sie hierzu unsere 1. Step-Grafik.

Taschen

Die Taschen 1 cm einbügeln, den Eingriff 1 cm ein-, dann 1 cm umbügeln. Auf das Vorderteil stecken und füßchenbreit aufsteppen. Anschließend die Taschenklappen fertigstellen. Der Länge nach rechts auf rechts in Bruch legen, stecken und die seitlichen Kanten zusammennähen. Die Teile wenden, so daß die rechte Stoffseite wieder außen liegt, bügeln und die seitlichen Nahtkanten wie auch die Umbruchkante füßchenbreit absteppen. Die noch offene Seite versäubern und 1 cm umbügeln. Die Taschenklappe so aufstecken, daß sie in geöffnetem Zustand mit der versäuberten Kante an die Eingriffseite der Tasche stößt. Im Bügelbruch aufnähen. Danach die Taschenklappe schließen, bügeln und zuerst knapp, dann füßchenbreit nochmals auf das Vorderteil nähen. Sehen Sie hierzu unsere 2. Step-Grafik.

Rückteil

Das Rückteil mit der rechten Seite oben auf den Tisch legen, die äußeren Faltenbrüche zur Anstoßlinie legen, stecken und bü-

① Die vordere Kante zur rechten Stoffseite ein- und umbügeln. Die Einschlagkante wie auch die Umschlagkante füßchenbreit absteppen.

② Zuerst das Taschenteil füßchenbreit auf das Vorderteil aufsteppen. Danach die verstürzte und versäuberte Taschenklappe geöffnet aufstecken, so daß die versäuberte Kante an den Tascheneingriff stößt. Die Klappe nach dem Aufnähen nach unten schlagen und die Naht kantig bügeln. Außerdem die Bruchkante 2mal absteppen.

Bluse:
Seidenstoff (in allen Fachgeschäften)
Vlieseline, H 200 (Freudenberg)
12 überziehbare Knöpfe (Prym)
Nähgarn, Seralon S (Amann)
1 Paar Schulterpolster

geln. Den Zuschnitt des rückwärtigen Riegelverschlusses (Sie benötigen dieses Schnitteil nur einmal) der Länge nach rechts auf rechts und schnittkantengleich in Bruch legen. Die Längsseite wie auch die Spitze abnähen. Die Nahtzugabe zur Hälfte zurückschneiden und die Spitze abschrägen. Den Riegel durch die noch offene Seite verstürzen, kantig bügeln und knappkantig absteppen. Das offene Ende 1 cm umbügeln, aufstecken und im Kreuzstepp knappkantig auf die linke Rückenhälfte steppen. Die linke Falte wird dadurch festgenäht.

Weiterverarbeitung

Die Vorderteile rechts auf rechts auf das Rückteil legen (Paßpunkte 3 + 4), die Seitennaht stecken, dann zusammennä-

Hinweis:
Seide ist gegen Dampf bzw. Wasser empfindlich. Daher dieses Material immer trocken bügeln.

hen. Die Schulternaht ebenfalls schließen (Paßpunkte 1 + 2). Die Nähte bügeln und gleich darauf den Saum 1 cm ein- und 1 cm umbügeln. Die Einschlagkante knappkantig aufsteppen.

Ärmel

Die Fältchen am Ärmel von der rechten Stoffseite aus in Pfeilrichtung einlegen, stecken und kurz absteppen. Danach den Ärmelschlitz einfassen. Das Einfaßband an beiden Längsseiten 0,5 cm einbügeln und kantengleich auf Bruch bügeln. Die Schnittkante des Schlitzes dazwischen legen, und zwar beim Nähbeginn 1 cm, am Schlitzende 1 mm und am Schluß wieder 1 cm. Am besten, Sie stekken zuerst die eine Schlitzseite, nähen dann bis Schlitzeinschnittende die Einfaßkanten knappkantig ab, lassen die Nadel im Nähgut stehen, drehen die andere Schlitzseite in Nährichtung, legen diese wiederum in den Einfaßstreifen und steppen auch hier wieder die Kanten knappkantig ab.
Den angenähten Einfaßstreifen kantengleich rechts auf rechts aufeinanderlegen und zur Sicherung das Schlitzende schräg zur Einfaßnaht hin absteppen. Nun die Ärmelnaht schließen (Paßpunkte 3 + 9) und bügeln. Die Einlage auf die linke Stoffseite je einer Manschettenhälfte fixieren. Die Längsseiten vorbügeln, d. h. 1 cm einbügeln, dann die Manschetten der Länge nach rechts auf rechts legen, die seitlichen Kanten stecken, die eingebügelte Naht wieder aufschlagen, abnähen und wenden. Die Nähte kantig bügeln. Die Fältchen am Ärmelsaum einlegen und kurz ansteppen. Auch den Einfaßstreifen am Obertritt des Schlitzverschlusses zur linken Stoffseite umlegen. Jetzt die Manschette mit einer Seite rechts auf rechts an den Ärmelsaum stecken, so daß die seitlichen Verstürznähte identisch sind mit der Schlitzeinfaßkante des Untertrittes und der Schlitzumschlagkante des Obertrittes. Nähen Sie die Manschette an. Legen Sie nun d Manschettenteil vom Ärm weg nach unten, stecken ur staffieren Sie die innere Ei schlagkante der Manschette a die vorherige Steppnaht. A schließend steppen Sie d Manschette ringsum füßche breit ab. Den Ärmel in das Arr loch einstecken (Paßpunkte 3, + 2) und einnähen. Die Schni kanten von Ärmel und Armloc zusammen versäubern.

Schulterriegel

Den Zuschnitt der Länge nac rechts auf rechts in Bruch lege stecken und die Längsnaht i klusive der Spitze schließen. D Halsringseite mit Paßpunkt bleibt offen. Die Nahtzugat zurückschneiden und die Spitz abschrägen. Den Riegel auf d rechte Stoffseite wenden, ka tig bügeln und füßchenbreit a steppen. Nun die noch offer Riegelseite mit Paßpunkt 1 a den Halsring (Paßpunkt 1) bzv die Schulternaht von Vorde und Rückteil nähen.

Kragen

Den Innenkragen auf der linke Stoffseite mit Vlieseline verstä ken. Die Halsringkanten 1 c ein- bzw. vorbügeln. Beide Kr genteile rechts auf rechts lege stecken und die vorderen Ka ten wie auch die Abschlußka te abnähen. Die Halsringnal bleibt offen. Die Ecken abschr gen, die Spitze zurückschne den bzw. ebenfalls abschräge das gesamte Kragenteil verstü zen und kantig bügeln. Da

Das Schnittlagebild gilt für alle Größen und zeigt eine Stoffbreite von 85/90 cm in ganzer Breite aufliegend.

Bluse

32 Vorderteil
33 Rückteil
34 Ärmel
35 Manschette
36 Kragen
37 Tasche
38 Taschenklappe
39 Schulterriegel
40 Rückwärtiger Faltenriegel

Alle Nahtzugaben 1 cm.
Vordere Verschlußkante:
1 cm Einschlag
3,5 cm Umschlag
Saum: 1 cm Einschlag
1 cm Umschlag

= Einlage

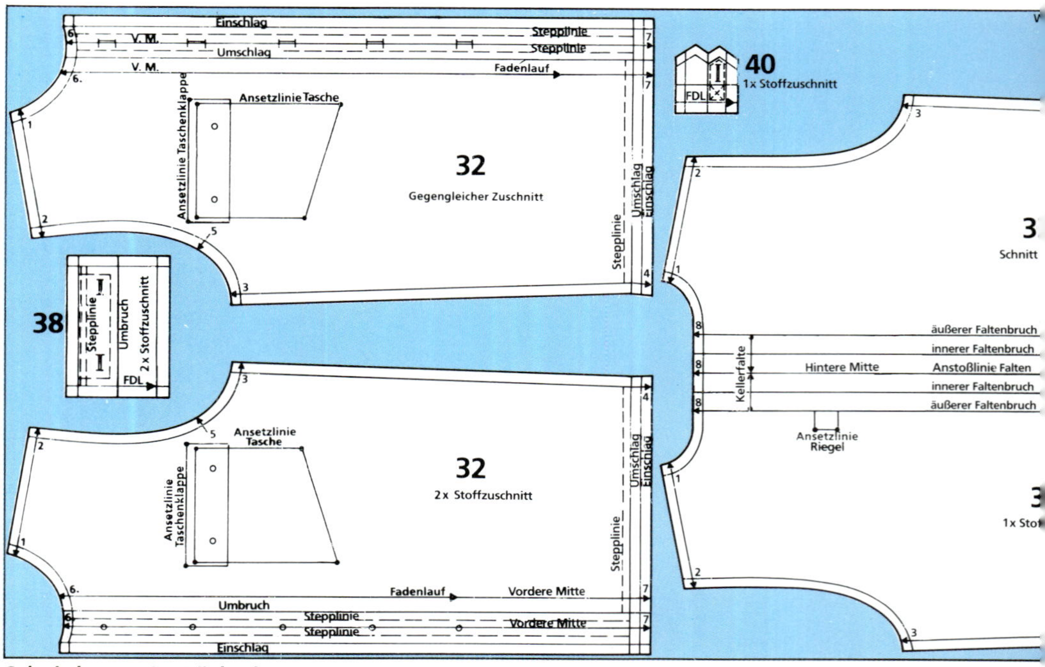

Schnittbogen 2 – Rückseite

ßere, nicht verstärkte Kra-
nteil rechts auf rechts an den
lsring der Bluse legen (Paß-
nkte 6, 1, 8 und nochmals 6),
ecken und im Bügelbruch an-
hen. Achten Sie beim Anstek-
n darauf, daß die Spitze des
agens am Obertritt liegt. Den
genähten Oberkragen nun
ch oben schlagen und die
rgebügelte Einschlagkante
s Unter- bzw. Innenkragens
t Staffierstichen an die Stepp-
ht nähen. Den gesamten Kra-
n ringsum füßchenbreit ab-
ppen.

Fertigstellung

e Knopflöcher einarbeiten.
e Knöpfe überziehen und
nähen.
n Schulterriegel über die
samte Schulterbreite le-
n und an der Ärmelein-
tznaht von Hand fest-
hen. Die Riegelspitze
eder locker zum Hals-
g zurückschlagen,
n Knopf in Höhe des
opfloches annähen
d den Riegel fest-
öpfen.
e Schulterpolster evtl.
erziehen und annähen.

inweis:
as Einbügeln der vorde-
en Kante zur rechten
toffseite hin kann nur
eschehen, wenn die
echte und die linke Seite
icht oder nur sehr schwer
u unterscheiden sind.

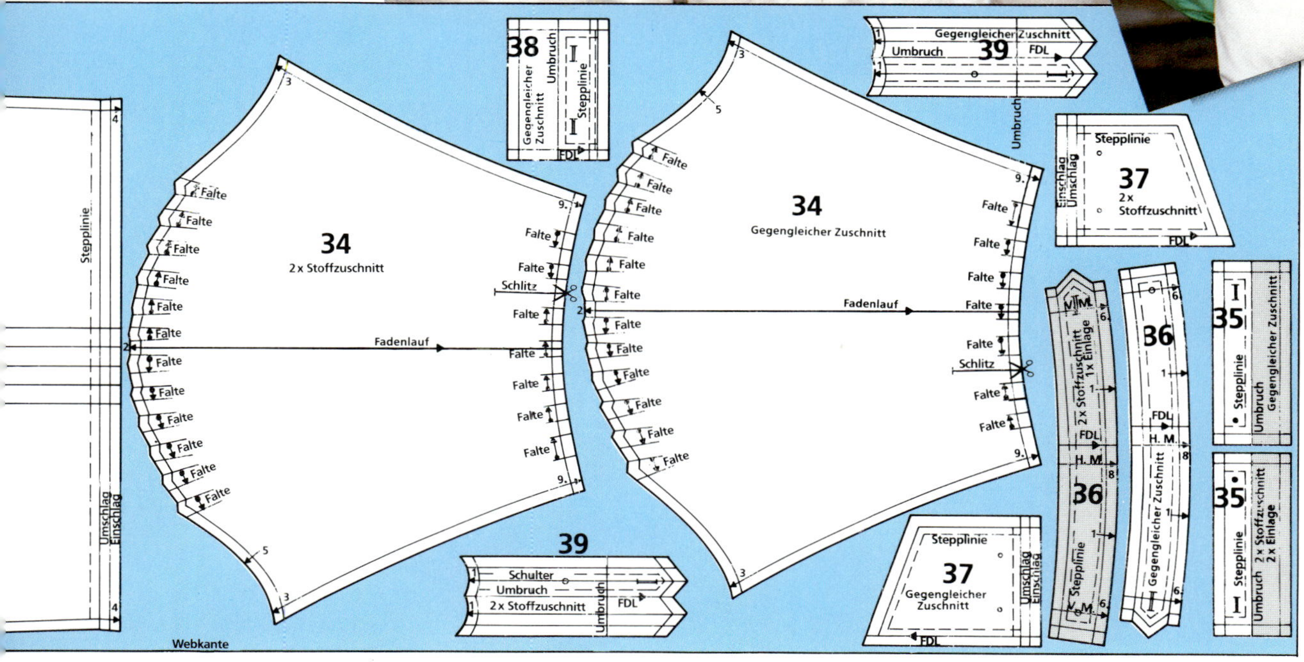

ÄRMELABSCHLUSS

Die Blusenmanschette

Wie der Name bereits sagt, ist dies ein Abschluß für Blusen bzw. Kleider mit Blusenärmeln, die, mit einer Manschette versehen, dem Handgelenk umfangmäßig angepaßt werden und daher für ein leichteres An- und Ausziehen einen Schlitz benötigen.

1 Zuerst den Ärmelschlitz einschneiden. Den Einfaßstreifen zuschneiden (2,5–3 cm Breite x 2mal Schlitzlänge), die Längsseiten 5 mm gegeneinander einbügeln, dann kantengleich aufeinanderlegen und so auf Bruch bügeln. Die Manschette auf der linken Stoffseite mit Vlieseline verstärken, die Längsseiten links auf links schnittkantengleich aufeinanderlegen und auf Bruch bügeln. Danach eine Längsseite 1 cm einbügeln, die Manschette der Länge nach entlang des Bruches rechts auf rechts legen, Anfang und Ende abnähen und die Ecken zum Bruch hin abschrägen.

2 + 3 Den aufgeklappten Einfaßstreifen rechts auf rechts kantengleich unter den Ärmel an die Schlitzkante legen. Beginnen Sie das Einfassen des Schlitzes mit einer Nahtbreite von 5 mm; dies gilt sowohl für die Schlitzkante als auch für die Kante des Einfaßstreifens. Legen Sie kurz nach Nähbeginn das Einschnittende so auf den Bügelbruch des Einfaßstreifens, daß Sie am Einschnittende selbst nur noch einen knappen Millimeter Nahtbreite und am Einfaßstreifen immer noch 5 mm Nahtbreite haben. Dies hat den Vorteil, daß sich das Nähgut an dieser Stelle zur Weiterverarbeitung leichter in Form legen läßt und Sie sich das Einschneiden sowie unschöne Fältchenbildung ersparen.
Die Nadel im Stoff stehenlassen, das Nähgut um 180° drehen, die Schlitzkante am Saum wieder kantengleich anlegen und die zweite Schlitzseite abnähen, so daß Sie an der Saumkante, bei beiden Teilen, wieder eine Nahtbreite von 5 mm haben.

4 Den Einfaßstreifen zur linken Stoffseite legen. Die zweite vorgebügelte Einschlagkante mit Staffierstichen an die vorangegangene Steppnaht stecken, eventuell heften, dann annähen.

ÄRMELABSCHLUSS

5 Den Ärmel rechts auf rechts legen, so daß die Bruchkanten des Einfaßstreifens der Länge nach exakt kantengleich aufeinanderliegen. Um ein Einreißen des Schlitzes zu verhindern, wird nun zur Sicherung das Schlitzende ab der Stepp- bzw. Staffiernaht zur Umbruchkante des Einfaßstreifens hin schräg abgenäht.

6 Die Falten des Ärmels einlegen, den Einfaßstreifen am Obertritt zur linken Stoffseite umklappen, feststecken und den Saumrand mit einem Kantenabstand von 0,8 cm absteppen. Den Ärmel rechts auf rechts legen, die Innennaht schließen und ausbügeln.

7 + 8 Die verstürzte Manschette aufgeklappt (so weit wie möglich) mit der nicht eingebügelten Seite rechts auf rechts in den Ärmel schieben, kantengleich an den Ärmelsaum legen, stekken und entlang der beiden Schnittkanten zusammennähen. Anfang und Ende der Manschette schließen ebenfalls mit dem Schlitz kantengleich ab.
Die auf der rechten Stoffseite angenähte Manschette nun zur linken Stoffseite hin wieder in Bruch legen und die noch lose, aber bereits vorgebügelte Einschlagkante an die vorangegangene Steppnaht staffieren. Das Knopfloch am Obertritt einarbeiten und den Knopf am Untertritt annähen.

Ein fließendes Stoff-
material mit Crash-
›kt, das ohne Proble-
e auch einen Tag im
›isekoffer übersteht.
Das Material:
100% Viskose.
Die Pflege: waschen
bis 40°; bügelfrei;
hemische Reinigung
möglich.

IN DEN GRÖSSEN 36-46

ROCK MIT PASSE

schmeichelt jeder Figur

:k:
ßender Kleider-
ff
›seline, H 200
ndfixband für
m Bundbreite
eudenberg)
Reißverschluß,
cm lang
pti-lon)
Knopf
ähgarn, Seralon S
Amann)

as Schnittlagebild
gt die Auflage der
ckpasse mit Bund
und als Schnitt-
hema die Auflage
der Rockteile. Die
arstellung gilt für
alle Größen. Die
toffbreite beträgt
140 cm auf Bruch
gelegt.

Rock

Vordere Rockpasse
Hintere Rockpasse
17 Bund

Alle Nahtzugaben
***1 cm** bis auf*
Seitennaht: 2 cm
Hintere Mitte: 2 cm
um: 1 cm Einschlag
2 cm Umschlag

= Einlage

Stoffverbrauch

Gr. 36-40 = 1,90 m
Gr. 42-46 = 2,10 m

Diese Angaben beziehen sich auf eine Stoffbreite von 140 cm.

Zuschnitt

Legen Sie den Stoff im Bruch zusammen, so daß die Webkanten aufeinandertreffen und die rechte Stoffseite innen liegt. Alle Schnitteile, wie im Lagebild dargestellt, aufstecken bzw. aufzeichnen und die vordere sowie die hintere Rockbahn aufzeichnen. Die Maßangaben gelten für alle Größen.

Zuschnittmaß
Vordere Rockbahn:
57 cm x 140 cm
Hintere Rockbahn:
57 cm x 140 cm

Da der Stoff in doppelter Lage aufliegt, messen Sie die Rocklänge von 57 cm und die Rockbreite von 70 cm ab.

Achtung! Alle Schnitteile sind inklusive Nahtzugaben.
Alle Teile zuschneiden und die Paßpunkte auf dem Oberstoff markieren.
Schneiden Sie auch gleich zwei Einlagestreifen in der Größe von 2,5 cm x 21 cm zu.

Näharbeit

Versäubern Sie zuerst die seitlichen Schnittkanten, dann den Saum der Rockbahnen.

Die vordere und die hintere Passe wurden zweimal zugeschnitten, d. h. Sie bestimmen als erstes die Außenpasse und die Innenpasse. Auf die linke Stoffseite der Außenpasse bügeln Sie entlang der hinteren Mitte die Einlagestreifen auf. Beide hinteren Passenhälften rechts auf rechts schnittkantengleich zusammenstecken, die hintere Mitte, ab unterer Passenkante (Paßpunkt 4) bis zur Reißverschlußmarkierung, mit einem Kantenabstand von 2 cm schließen, die Naht ausbügeln und die restliche Strecke bis zur Taillenkante (Paßpunkt 3) weiter einbügeln. Den Reißverschluß einseitig verdeckt einnähen. Die vordere Außenpasse rechts auf rechts auf die hintere Außenpasse legen, die Seitennaht (Paßpunkte 1 + 2), zusammennähen und ausbügeln. Nun die Innenpasse, wie bei der Außenpasse beschrieben, zusammennähen. Den Schlitz für den Reißverschluß 21 cm offen lassen, dann 2,5 cm einbügeln und links auf links auf das Reißverschlußband staffieren. Die gesamte Innenpasse schnittkantengleich mit der Außenpasse ausrichten, aufeinanderstecken, die Taille und die untere Passenkante jeweils mit einem Kantenabstand von 0,75 cm abnähen, so daß die Teile nicht mehr verrutschen können.
Den verstärkten Bund rechts auf rechts an den Taillenring der Außenpasse (Paßpunkte 3, 1 + vordere Mitte, nochmals 1 + 3) annähen, der Länge nach rechts auf rechts in Bruch legen, die Nahtzugaben zum Bund hin legen und die Bundenden verstürzen. Die Ecken abschrägen, den Bund wenden, ausrichten und bügeln.
Den Innenbund 1 cm einschlagen, die Einschlagkante von rechts feststecken und im Nahtschatten feststeppen.
Das Knopfloch einarbeiten und den Knopf annähen.
Vordere und hintere Rockbahn rechts auf rechts legen und die Seitennaht mit einem Kantenabstand von 2 cm schließen (Paßpunkt 2 bis Saum). Die Naht ausbügeln, den Saum 1 cm ein-, dann 2 cm umbügeln und entlang der Einschlagkante knapp, dann füßchenbreit hochsteppen. Die Ansetzkante zweimal vornähen und jede Rockbahn betreffend Ihrer Größe einkräuseln.

Gr. 36 = auf je 50 cm
Gr. 38 = auf je 52 cm
Gr. 40 = auf je 54 cm
Gr. 42 = auf je 56 cm
Gr. 44 = auf je 58 cm
Gr. 46 = auf je 60 cm

Die eingekräuselte Kante rechts auf rechts auf die Außenpasse stecken und mit 1 cm Kantenabstand zusammennähen. Die Nahtzugaben zusammen versäubern, zur Passe hin bügeln und, auf der Außenpasse nähend, knapp neben der Naht absteppen.

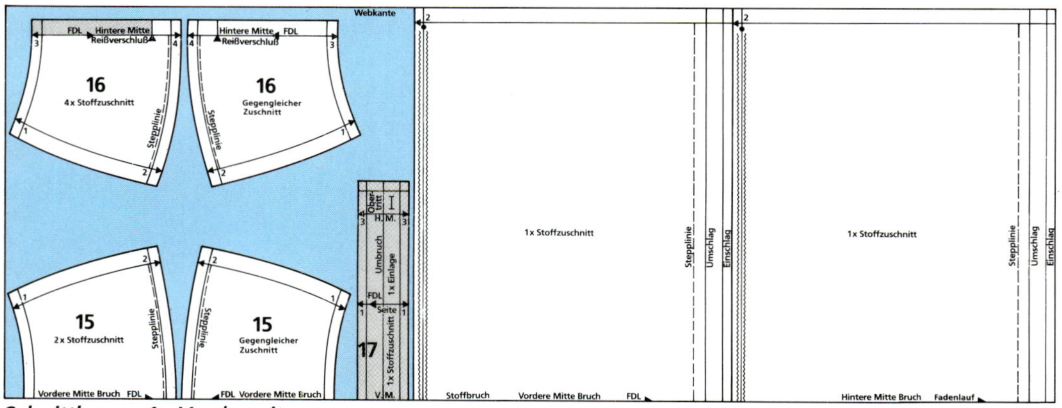

Schnittbogen 1 – Vorderseite

CANNES

IN DEN GRÖSSEN 36-46

NEUES CITY-KOSTÜM

mit schlanker Silhouette

Urlaubsmotive auf Stoffen festgehalten. Blütenzauber und Stempeldruck vermitteln Sommer, Sonne, Fernweh. Ton in Ton eine zarte Mischung für Unternehmungslustige, die auch gerne zu Hause auf Entdeckungsreise gehen möchten. Das Material: 100% Viskose. Die Pflege: waschen bis 40°; bügeln auf Stufe 2.

Stoffverbrauch

skose bedruckt:
. 36 + 38 = 1,65 m
. 40 + 42 = 1,75 m
. 44 + 46 = 1,90 m

skose uni:
. 36 + 38 = 55 cm
. 40 – 46 = 60 cm

ese Angaben beziehen sich f eine Stoffbreite von 140 cm.

Zuschnitt

gen Sie zuerst den unifarbe- n Stoff auf Bruch, so daß ebkante auf Webkante trifft. s Schnitteil 1 auflegen, auf- chnen, noch einmal gegen- ich aufstecken und zuschnei- n.

htung! Alle Schnitteile d inklusive Nahtzugaben.

e Paß- und Markierungs- nkte auf den Oberstoff über- gen.
n den bedruckten Stoff rechts rechts im Bruch zusammen- en, so daß Webkante auf ebkante trifft. Die Schnitteile 3, 4, 5, 6, 7, 8, 9, 10 + 11, wie Lageplan dargestellt, auf- cken und zuschneiden. Auch hier alle Paß- und Markierungspunkte übertragen.
Für den vorderen Jakkenbeleg (Schnitteil 1) benötigen Sie 2mal eine Einlage, die Sie auf die linke Stoffseite des Jackenbeleges aufbügeln. Die Einlage für den rückwärtigen Halsbeleg im Bruch zuschneiden und für die vorderen Rockbelege ebenfalls je eine Einlage zuschneiden und auf die linke Stoffseite der betreffenden Teile bügeln. Das Bundfixband auf dem Bundzuschnitt fixieren.

JÄCKCHEN

Versäubern

Versäubern Sie die folgenden Schnittkanten: Seitennaht-, Ärmelnaht-, Jacken- und Ärmelsaum-, Taschensaum- und Schulternahtkanten.

Rückteil

Das im Bruch zugeschnittene mittlere Rückteil offen auflegen, so daß die rechte Stoffseite oben liegt. Rechts auf rechts die hinteren Seitenteile schnittkantengleich aufstecken (Paßpunkte 10 + 11) und zusammennähen. Die Nahtzugaben versäubern, zum Mittelteil bügeln und von rechts die Nahtlinie, auf dem Mittelteil nähend, füßchenbreit absteppen.

Vorderteil

Rechtes und linkes mittleres Belegteil rechts auf rechts, entlang der Schulternaht (Paßpunkt 1) an den rückwärtigen, verstärk-

① Nach dem Verstürzen der vorderen Rockkanten die Teile wenden, kantig ausrichten und bügeln. Die rechte, vordere Rockhälfte nur entlang der Schlitzöffnung bis zur Pfeilmarkierung (im Schnitt angegeben) absteppen. Die Anfangsfäden auf die linke Stoffseite ziehen und mit Handstichen vernähen. Die linke, vordere Rockhälfte ebenfalls kantig bügeln, dann die gesamte vordere Kante füßchenbreit absteppen.

② Die rechte Rockhälfte über die linke Rockhälfte legen, so daß vordere Mitte auf vordere Mitte trifft, stecken und die noch nicht abgenähte Kante des rechten, vorderen Rockteiles füßchenbreit auf das untenliegende Rockteil aufsteppen. Sichern Sie die Naht am Anfang des Schlitzes gut ab. Zum Schluß das Knopfloch einarbeiten.

Kostüm:
Kleiderstoff, bedruckt und uni
Vlieseline, H 200 (Freudenberg)
Bundfix für 3 cm Bundbreite
10 Knöpfe (Freudenberg)
Nähgarn, Seralon S (Amann)
1 Reißverschluß, 18 cm lang (Opti-lon)
1 Paar Schulterpolster

Beide Schnittlagebilder gelten für die Größen 36 + 38 und zeigen eine Stoffbreite von 140 cm auf Bruch gelegt. Das erste Schnittlagebild zeigt die Schnittauflage des vorderen Jackenmittelteiles, gleichzeitig auch Belegteil, auf dem unifarbenen Stoff. Das zweite Lagebild betrifft den Zuschnitt des bedruckten Stoffes.

Kostüm
1 Vorderes Mittelteil
2 Seitliches Vorderteil
3 Hinteres Mittelteil
4 Seitliches Rückteil
5 Ärmel
6 Tasche
7 Rückwärtiger Halsbeleg
8 Hinterrock
9 Vorderrock
10 Vorderer Rockbeleg
11 Bund

Alle Nahtzugaben 1 cm bis auf
Seitennähte und hintere Rockmitte: 2 cm
Säume: 3 cm
Tascheneingriff: 1 cm Einschlag 1 cm Umschlag

Hinweis für den Zuschnitt:
Die Schnittauflage verschiebt sich etwas bei den Größen 40-46.

▭ *= Einlage*

ten Halsbeleg nähen. Die Nahtzugaben auseinanderbügeln. Den Taschenzuschnitt an der Eingriffseite 1 cm ein-, 1 cm umbügeln und die Einschlagkante knapp absteppen. Anschließend schnittkantengleich auf das seitliche Vorderteil legen (Paßpunkte 6, 8, 9 + 4) und feststecken bzw. festheften.
Die mittleren Vorderteile rechts auf rechts auf je ein vorderes Seitenteil legen (Paßpunkte 7 + 9), stecken und entlang der Nahtlinie schließen. Die Nahtzugaben versäubern, zum Mittelteil hin bügeln, und von rechts, auf dem Mittelteil nähend, die Nahtlinie füßchenbreit bzw. 8 mm absteppen.

Weiterverarbeitung

Vorderteil und Rückteil rechts auf rechts legen, die Schulternaht schließen (Paßpunkte 1 + 2) und die Nahtzugaben auseinanderbügeln. Das geschlossene Belegteil rechts auf rechts an vordere Verschlußkante und hintere Halsringkante schnittkantengleich anstecken und zusammennähen. Die vordere Ausschnittecke abschrägen und die Halsringrundung mehrmals einschneiden. Den Beleg auf die rechte Seite wenden und die Naht kantig ausrichten, danach bügeln. Den Jackensaum mit aufgeklapptem vorderen Belegteil 3 cm hochbügeln und mit Handstichen befestigen. Den Beleg wieder kantig legen und ebenfalls mit ein paar Stichen am Saum befestigen. Anschließend die vordere Kante und den Halsring füßchenbreit absteppen.

Ärmel

Den Ärmelsaum 3 cm hoch- bzw. vorbügeln. Die Ärmelnaht schließen (Paßpunkte 3 + 12), den Saum dabei herunterlegen und die Naht ausbügeln. Den Ärmelsaum nachbügeln und mit Handstichen befestigen. Mit einer großen Stichlängeneinstellung innerhalb der angegebenen Markierungspunkte die Armkugel einhalten.
Danach den Ärmel rechts auf rechts in das Armloch der Jacke einstecken, einnähen und besonders auf die Paßpunkte 3, 5 + 2 achten.

Fertigstellung

Die Knopflöcher anhand der Schnittangaben auf dem Obertritt einarbeiten und die Knöpfe auf dem Untertritt annähen. Die Schulterpolster überziehen und an der Ärmeleinsetznaht von Hand festnähen.

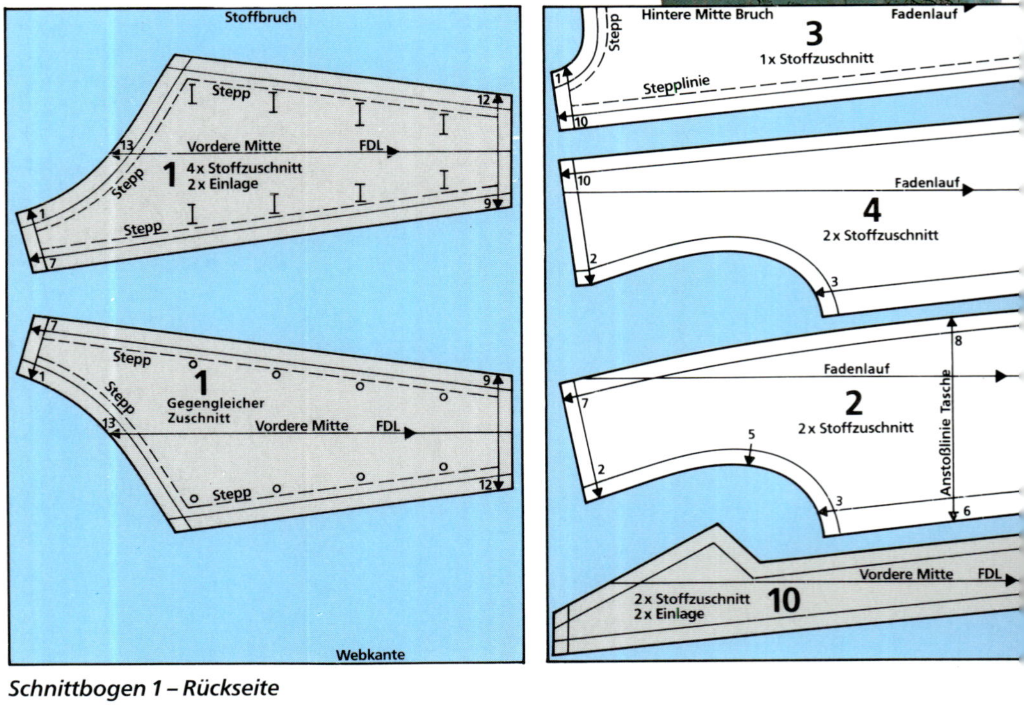

Schnittbogen 1 – Rückseite

ROCK

Näharbeit

gende Schnittkanten versäu-
n: Seitennaht-, Saum-, hin-
e Mittelnaht- und äußere Be-
kanten.

verstärkten Belege rechts
rechts auf linkes und rech-
Rockvorderteil auflegen
ßpunkte 4 + 7), die vorderen
nten stecken und abnähen.
hen Sie das kurze Stück am
egsaum entlang der Um-
chlinie ebenfalls ab, so daß
eine saubere Ecke erhalten.
se abschrägen, die Nahtzu-
pen so gut es geht auseinan-
bügeln, den Beleg zur linken
ffseite legen, die Saumecke
richten und die gesamte vor-
e Verstürznaht kantig bü-
n.

n Untertritt, wie in unserer
tep-Grafik beschrieben, ab
lenkante bis zur Saumkante
chenbreit absteppen. Den
ertritt ab Saumkante bis zur
ilmarkierung ebenfalls füß-
enbreit absteppen. Diesen
schließend über den Unter-
t legen, stecken (Paßpunkt 4),
dere Mittellinie beachten
d ab Taillenkante bis zur Pfeil-
rkierung die restliche Ober-
tverstürzkante füßchenbreit
teppen, so daß gleichzeitig
Untertritt mitgefaßt wird.
hen Sie hierzu unsere 2. Step-
afik.

f die linke Stoffseite, entlang
Reißverschlusses, einen Ein-
estreifen aufbügeln. Beide
terrockhälften rechts auf
hts legen, stecken (Paßpunkte 5 + 6) und die hintere Mitte bis Reißverschlußmarkierung schließen. Die Nahtzugaben auseinanderbügeln, die Reißverschlußkanten weiter umbügeln und schließlich den Reißverschluß verdeckt gegeneinander einnähen.

Weiterverarbeitung

Vorder- und Hinterrock schnittkantengleich aufeinanderlegen (Paßpunkte 1 + 2), stecken und die Seitennähte mit 2 cm Kantenabstand schließen. Danach die Nähte ausbügeln und den Saum 3 cm hochbügeln. Letzteren mit Handstichen befestigen.

Bund

Den verstärkten Bund der Länge nach in Bruch bügeln und mit einer Längsseite rechts auf rechts an die Taillenkante des Rockes stecken (Paßpunkte 5 + 1). Beachten Sie auch dabei die vordere und hintere Mitte. Den Bund annähen, die Bundenden rechts auf rechts schnittkantengleich zusammenlegen und die Bundhöhe abnähen. Die Nahtzugaben werden dabei zum Bund hin gelegt.
Die Ecken abschrägen und den Bund wenden. Die innere Bundkante 1 cm einschlagen und die Einschlagkante von rechts im Nahtschatten feststecken und festnähen.

Fertigstellung

Die Knopflöcher einarbeiten und die Knöpfe annähen.

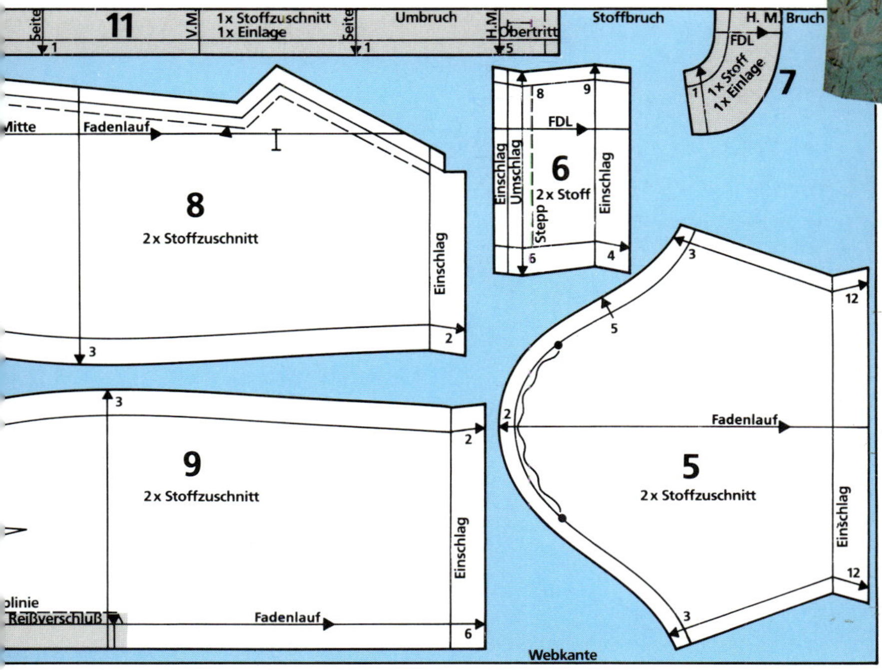

REISSVERSCHLÜSSE

Reißverschlüsse gibt es nicht nur in Stoffachgeschäften, sondern auch in den Kurzwarenabteilungen der Kaufhäuser. Bei der Standardform ist immer eine Seite geschlossen. Wählen Sie den Reißverschluß nie zu kurz. Die Längenangaben sind auf jeder Reißverschlußverpackung aufgedruckt. Beim Abmessen der Länge immer vom Endteil bis zum Anfangsteil messen. Die überstehenden Bandenden werden bei der Verarbeitung entweder in das Nähgut eingeschoben oder umgeschlagen – aber nie abgeschnitten! Reißverschlüsse mit Sicherungshaken am Schieber eignen sich ganz besonders für Hosen und, je nach Modell, auch für Röcke. Die Stärke der Zähnchen richtet sich nach Stoffmaterial und Verwendungszweck. Die einfache Art mit abgerundetem Schieberteil wird bevorzugt in Kleider und weite Röcke mit Bund eingearbeitet. Für die Farbauswahl nehmen Sie am besten ein Stück Stoffrest zum Kauf mit.

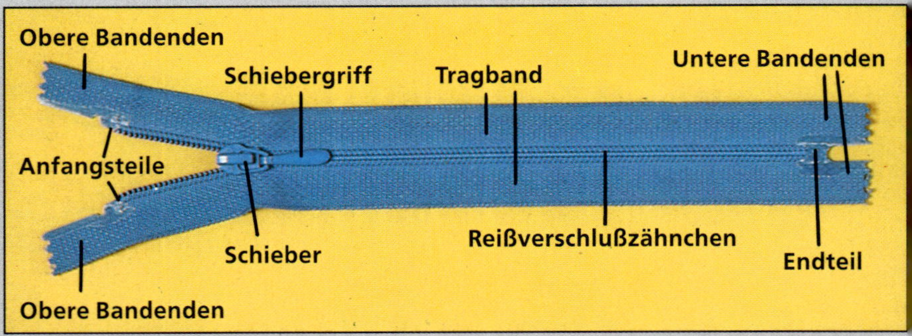

VERSCHIEDENE VERARBEITUNGS-MÖGLICHKEITEN

VERDECKT GEGENEINANDER

Diese Art wird bei Reißverschlüssen in der vorderen und hinteren Mitte eines Kleidungsstückes angewendet.

1 Die verstärkte Nahtzugabe auseinanderbügeln, den Schlitz einbügeln und den Reißverschluß von der linken Seite unterlegen. Die Anfangsteile (Kerben) müssen 1 cm von der Schnittkante des Nähgutes entfernt sein. Den Reißverschluß ausmitteln, d. h. die Einschlagkante liegt exakt in der Mitte der Reißverschlußzähnchen, und dann 0,5 mm von der Kante entfernt zuerst stecken, anschließend festheften.

2 Nach dem Einheften überprüfen, ob die Einschlagkanten gegeneinanderstoßen. Jetzt den Reißverschluß öffnen und mit der Maschine und dem Einsatz des dazugehörenden Reißverschlußfüßchens knapp neben dem Heftfaden mit Stichlänge 2-3 vorsichtig ringsum steppen. Anfang und Ende gut vernähen. Bei den Endteilen aufpassen, daß die Nadel nicht auf eines der Zähnchen trifft. Diese Möglichkeit besteht besonders bei zu langen Reißverschlüssen. Vorsichtshalber durch Drehen des Handrades etwas nachhelfen.
Wenn der Schieber im Wege ist, die Nadel – nur mit der Spitze – im Nähgut stehenlassen, Drückerfuß in Hochstellung bringen und den Schieber entweder nach oben oder nach unten bewegen.

REISSVERSCHLÜSSE

EINSEITIG VERDECKT

Diese Verarbeitungsart können Sie bei Damenhosen und bei der linken Seitennaht von Röcken und Kleidern anwenden.

1 Die verstärkte Nahtzugabe auseinanderbügeln, den Schlitz einbügeln, Ober- und Untertritt bestimmen und den Reißverschluß so an die Einschlagkante des Untertrittes legen, daß die Zähnchenreihe sichtbar ist. Am besten auch hier wieder zuerst vorstecken, dann erst knappkantig bis Schlitzmitte nähen, die Nadelspitze im Stoff stehenlassen, Steppfüßchen in Hochstellung bringen, den Reißverschluß öffnen, das Steppfüßchen wieder senken und den Reißverschluß weiter einnähen.

2 Schließen Sie den Reißverschluß, legen Sie die Einschlagkante des Obertrittes einen knappen Millimeter über die Steppnaht des Untertrittes und stecken Sie den Reißverschluß an den eingebügelten Obertritt. Heften Sie das Ganze 1,3 cm von der Bruchkante entfernt an, und steppen Sie 1,4 cm – also direkt neben dem Heftfaden – bis zum Reißverschlußende. Hier können Sie, je nach Belieben, entweder im rechten Winkel bis zur ausgebügelten Naht (Schlitzende) oder 1 cm vor Reißverschlußende schräg bis Schlitzende (Naht) steppen. Das Ende gut vernähen.

Farbenfroh in den Sommer

Frenzy

IN DEN GRÖSSEN 36-46

FRISCHE BLUSEN-BRISE

lang, weit und variationsfähig

Nähen Sie sich in Urlaubslaune. Bei diesen südländischen Motiven ist das gar nicht schwer. Palmenstrand und Orchideen lassen viel Sonne und Freizeit erahnen. Wer kann da schon widerstehen?
Das Material: Viskose-Musseline.
Die Pflege: waschen bis 40°; bügeln auf Stufe 2.

Stoffverbrauch

r. 36 + 38 = 1,80 m
r. 40 + 42 = 1,90 m
r. 44 + 46 = 2,20 m
iese Angaben beziehen sich
ıf eine Stoffbreite von 150 cm.

Zuschnitt

ɛgen Sie Ihren Stoff in Bruch, ɔ daß Webkante auf Webkan- trifft. Alle Schnitteile von 9-13 einer Richtung aufstecken, ɛn Kragen (Schnitteil 14) ein- al im Bruch aufzeichnen, ann bei der zweiten Auflage ıfstecken. Danach alle Teile zu- :hneiden und die Paßpunkte ɔwie die Markierungslinien auf ɛm Zuschnitt kennzeichnen.

chtung! Alle Schnitteile nd inklusive Nahtzugaben.

'e Einlage für die vorderen Be- gteile und den Oberkragen ıschneiden und auf die linke :offseite der betreffenden Zu- :hnitteile bügeln.

Näharbeit

ɛrsäubern Sie die seitlichen usenkanten, die Schulterkan- n, die seitlichen Ärmelkanten ɔwie die äußeren Belegkanten.

Taschen

zwei Taschenzuschnitte ɛchts auf rechts stecken und it einem Kantenabstand von 1 cm verstürzen. Lassen Sie an der unteren Taschenseite eine 5 cm große Öffnung stehen, und ziehen Sie die Tasche, nach dem Zurückschneiden der Nahtzugaben, durch die Öffnung zur rechten Stoffseite durch. Die Naht kantig ausrichten und bügeln, dabei die Taschenklappe nach vorne umbügeln. Letztere bis zur angegebenen Umbruchlinie füßchenbreit absteppen, dann beide fertiggestellten Taschen auf das rechte und linke Vorderteil stecken, die Taschenklappe nach oben legen und den Taschenbeutel ab der Umbruchkante füßchenbreit absteppen.

Weiterverarbeitung

Beide Vorderteile rechts auf rechts auf das Rückteil legen, Paßpunkte 1 + 2 sowie 3 + 4 beachten, und die Schulter- wie auch die Seitennahtkanten mit 1 cm Kantenabstand schließen. Die Nahtzugaben auseinanderbügeln, die der Schulternaht zum Vorderteil hin bügeln.

Hinweis:
Beim Anstaffieren der Oberkragenkante und der Belegkante verwenden Sie bitte kleine, kurze Staffierstiche.

Kragen

Den Ober- und den Unterkragen rechts auf rechts stecken und verstürzen. Die Nahtzugaben zurückschneiden, das Teil auf die rechte Stoffseite wenden und kantigbügeln.

Beleg

Die vorderen Belege, wie in unserer 1. Step-Grafik dargestellt verarbeiten. Die äußere, versäuberte Belegkante 0,5 cm breit einbügeln und knappkantig absteppen. Legen Sie nun den Beleg rechts auf rechts schnittkantengleich auf das Vorderteil, stecken Sie die Reverskanten und die vorderen Verschlußkanten von Paßpunkt 6 bis 7 zusammen, und nähen Sie diese Strecke mit 1 cm Kantenabstand ab.

Weiterverarbeitung

Stecken Sie nun den gesamten Kragen, mit der Unterkragen-

Bluse:
Blusenstoff
Vlieseline, H 200 (Freudenberg)
4 Knöpfe
Nähgarn, Seralon S (Amann)
Schulterpolster

Hier liegt Modisches hart am Wind. Eine kombinationsfähige Bluse für Strand und Promenade.

seite rechts auf rechts, an den Halsring der Bluse (Paßpunkte 6, 1 + hintere Mitte) und heften Sie den Kragen auf. Das vor-

erst zurüc
geschlagene, noch lo
Belegteil über den Oberkrage
schnittkantengleich an de
Halsring stecken. Die Schult
kante des Beleges 1 cm ei
schlagen, so daß die Einschla
kante mit der Schulternaht d
Bluse übereinstimmt. Nähen S
nun ab Paßpunkt 6 – dem R
verspunkt – mit 1 cm Kantena
stand den Beleg und den Kr
gen exakt bis zum Schult
punkt 1 an die Bluse. Die Heft
den wieder entfernen, so da
Sie den Oberkragen zurück
gen können, und der Unterkr
gen separat an den Halsring g
näht werden kann.
Die Nahtzugaben, vom Reve
her, exakt bis zur Nahtlin
des Schulterpaßpunktes 1 e
schneiden. Die Nahtzugabe
der vorderen Verschlußkant
des Revers, des Halsringes (U
terkragen- und Halsringkant
zurückschneiden und das g
samte Nähgut auf die rech
Stoffseite wenden. Alle Näh
kantig ausrichten und bügeln
Die Nahtzugaben des Halsr
ges zum Kragen hin bügeln, d
Halsringkante des Oberkrage

Das Schnittlagebild gilt für die Größen 36 + 38 und zeigt eine Stoffbreite von 150 cm auf Bruch gelegt.

Bluse

9 Vorderteil
10 Rückteil
11 Ärmel
12 Vorderes Belegteil
13 Tasche mit angeschnittener Taschenklappe
14 Kragen

Alle Nahtzugaben 1 cm.
Ärmelsaum:
1 cm Einschlag
10 cm Umschlag
Blusensaum:
1 cm Einschlag
1 cm Umschlag

Hinweis für den Zuschnitt:
Die Schnittauflage verschiebt sich etwas bei den Größen 40-46.

= Einlage

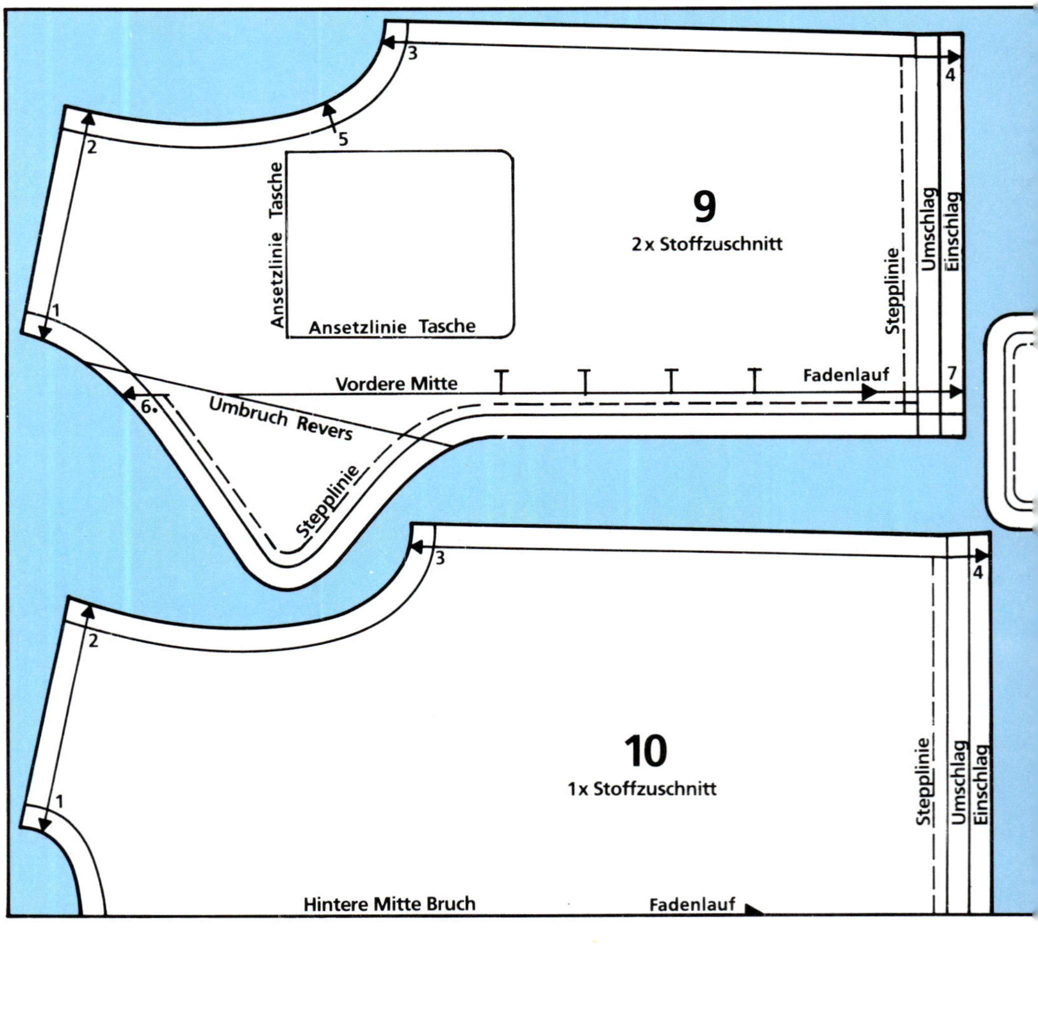

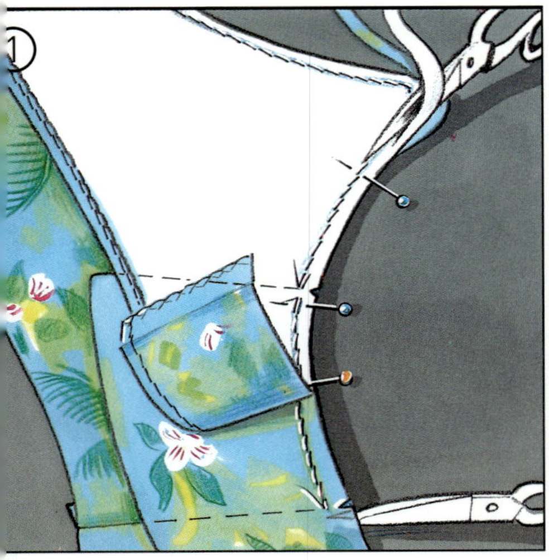

cm einschlagen und an die
herige Steppnaht staffieren.
eichzeitig die eingeschlagene
ulterkante des Beleges, an
r Schultersteppnaht der Blu-
ebenfalls anstaffieren. Se-
n Sie hierzu unsere 2. Step-
afik.

Saum

n Beleg aufschlagen, die
umkante 1 cm ein-, dann 1 cm
nbügeln, den Beleg wieder
ntiglegen und die gesamte
use, d. h. Saum, vordere Kan-
Revers und Kragen, füßchen-
eit absteppen.

Ärmel

Die Ärmelnaht von Paßpunkt 3 bis Paßpunkt 8 schließen und die Nahtzugaben auseinanderbügeln. Die Ärmelsaumkante 1 cm ein-, dann 10 cm umbügeln und die Einschlagkante, von der linken Stoffseite, knappkantig feststeppen. Die Umschlagkante von rechts füßchenbreit entlangsteppen.
Den Ärmel rechts auf rechts in das Armloch einstecken (Paßpunkte 3, 5 + 2) und mit einem Kantenabstand von 1 cm einnähen.

Hinweis:
Sie können bei diesem Modell halbhohe Schulterpolster verwenden, d. h. für eine Schultererhöhung bis zu 1,5 cm.

Fertigstellung

Die Knopflöcher einarbeiten und die Knöpfe annähen. Die Schulterpolster je nach Ausführung überziehen und mit ein paar Handstichen an der Schulternaht befestigen. Das Revers in Form bügeln, danach die gesamte Bluse abbügeln.

(1) Den Reversbeleg rechts auf rechts auf das Vorderteil legen, stecken und ab Saumkante bis zum Reverspunkt abnähen bzw. verstürzen. Den vorbereiteten Kragen so auf die rechte Stoffseite der Bluse an deren Halsring stecken, daß der Unterkragen unten liegt. Den Beleg vorerst bis zur Reversnaht zurücklegen, so daß die verstürzte Kragenkante exakt am Reverspaßpunkt angelegt – und bis zur Schulternaht angenäht werden kann. Anschließend den Beleg wieder vorlegen, mit eingebügelter Schulterkante schnittkantengleich über den Kragen stecken und bis zur Einschlagkante bzw. Schulternaht festnähen. Den Unterkragen nun separat weiter am Halsring annähen und die Nahtzugabe, vom Revers her, am Schulterpunkt bis zur Nahtlinie schräg einschneiden.

(2) Die Nahtzugaben von Unterkragen und Halsring zurückschneiden, zum Kragen hin bügeln und den Oberkragen so weit einschlagen, daß die Einschlagkante exakt an die Steppnaht des Unterkragens stößt. Mit Handstichen anstaffieren. Danach den Belegeinschlag auf die Schulternaht staffieren.

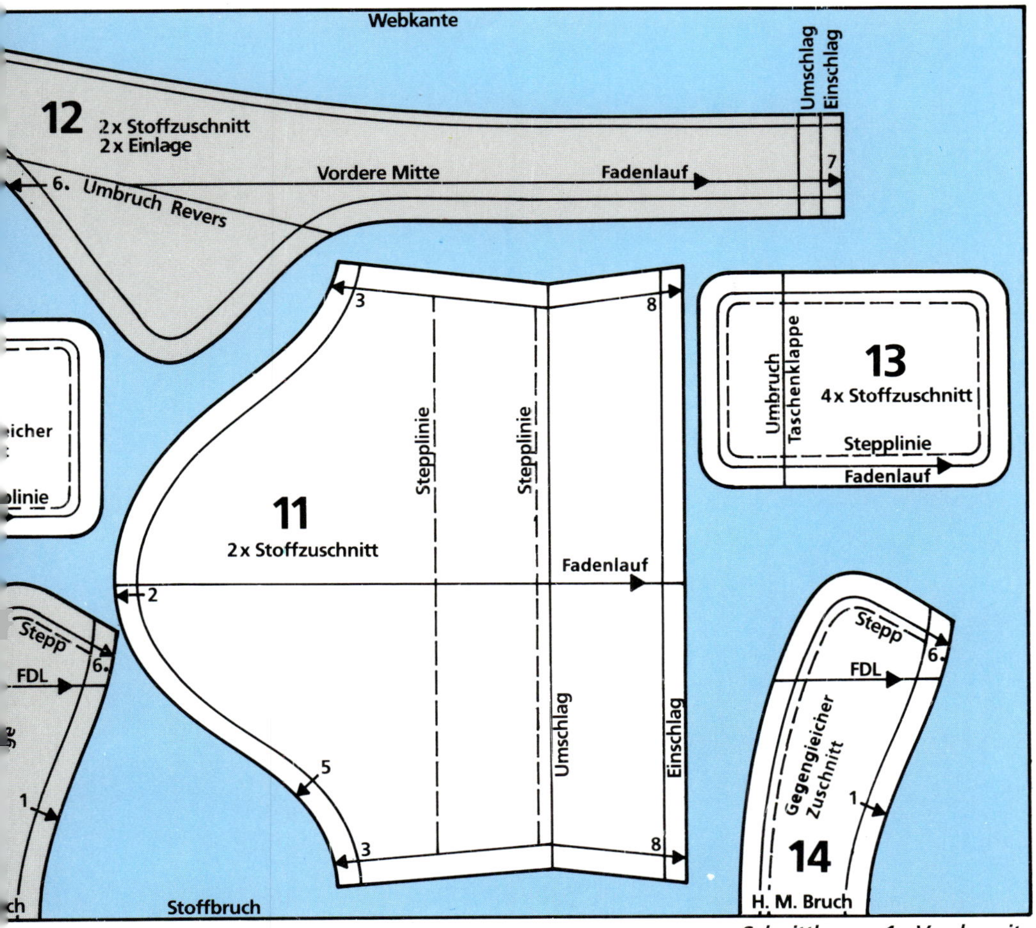

Schnittbogen 1 – Vorderseite

IN DEN GRÖSSEN 36-44

ROCK UND TOP

in zwei Varianten

ROCK

Stoffverbrauch

: 36-44 = 1,85 m
ese Angabe bezieht sich auf
ne Stoffbreite von 140 cm.

Zuschnitt

**:htung! Alle Schnitteile in-
usive Nahtzugabe.**
gen Sie Ihren Stoff auf Bruch,
daß die rechte Stoffseite in-
n liegt. Alle Schnitteile im Fa-
nlauf aufstecken und zu-
nneiden. Übertragen Sie alle
ß- und Markierungspunkte
f den Oberstoff. Auf die linke
offseite vom Bund bügeln Sie
e perforierte Einlage (Bundfix)
f.
r der Weiterverarbeitung zu-
st alle Zuschnitteile rundum
rsäubern.

Tasche

chte Seitennaht schließen.
rderteil und Rückteil rechts
f rechts zusammenstecken
aßpunkte 1+2), den Taschen-
ngriff lassen Sie bitte auf. Bei-
Taschenbeutel an die Öff-
ng anstecken (Paßpunkte
-4) und annähen. Die Nahtzu-
be aus- und den vorderen
ngriff kantig bügeln. Den Ta-
neneingriff knappkantig ab-
eppen. Die beiden Taschenbeutel zusammenstecken und schließen.
Den Taschenbeutel entlang der Taille festnähen.

Reißverschluß

Vorderteil und Rückteil rechts auf rechts stecken und die linke Seitennaht schließen. Reißverschluß und Schlitzmarkierung offenlassen. Die Nahtzugabe ausbügeln und den Reißverschlußeinschlag sowie den Schlitz umbügeln. Den Reißverschluß verdeckt einstecken, einheften und rundum 5 mm breit einsteppen. Den Schlitzeinschlag mit Handstichen anstaffieren.

Bund

Den Taillenring mit einem großen Stich zweimal vornähen. Den Rock mit dem Unterfaden auf Ihre Bundweite einziehen. Den Bund in Bruch bügeln und mit der Außenseite rechts auf rechts an den Taillenring vom Rock stecken und aufnähen. Anschließend die Nahtzugabe in den Bund bügeln. Die Bundenden an der linken Seitennaht verstürzen und wenden. Den Innenbund entlang der Perforierung einschlagen, von außen feststecken und anschließend ringsum kantig absteppen.

Zart verlaufende Pastelltöne geben diesem Material aus 100% Viskose einen leichten und duftigen Charakter. Kombinationsprobleme gibt's hier garantiert keine. Um ein Verrutschen zu vermeiden, vor dem Zuschnitt den auf Bruch gelegten Stoff mit Nadeln an den Kanten und im Bruch selbst zusammenhalten.

*① Volant rechts auf links schnittkantengleich und paßpunktegleich auf das zusammengenähte Topteil legen, stecken und die Träger bei den Paßpunkten zwischenschieben, so daß die rechte Seite des Trägers rechts auf rechts unter dem Volant liegt.
An der hinteren Mitte ab Naht anfangen zu nähen.*

② Den auf die rechte Topseite nahtkantig gebügelten Volant zuerst knappkantig, dann noch einmal im Abstand von 2,5 cm aufsteppen.

Fertigstellung

Den Rocksaum 3 cm einbügeln und mit Handstichen befestigen. Vorsicht! Den umgebügelten Saum nicht ausdehnen. Am besten vor Nähbeginn ein paar Nadeln stecken.
Das Knopfloch einarbeiten, den Knopf anzeichnen und annähen.

TOP

Stoffverbrauch

Gr. 36-44 = 85 cm

Diese Angabe bezieht sich auf eine Stoffbreite von 140 cm.

Zuschnitt

Den Stoff rechts auf rechts in Bruch legen. Alle Schnitteile nach Lageplan aufstecken und zuschneiden. Übertragen Sie alle Paßpunkte und Markierungen auf den Oberstoff.

Näharbeit

Versäubern Sie alle Zuschnitteile außer den Topsaum und den Volantsaum.

Volant

Den Volantzuschnitt rechts auf rechts legen, die hintere Mitte zunähen und ausbügeln (Paßpunkt 1). Den Saum zweimal 1 cm umbügeln und von links knappkantig aufsteppen. Das Oberteil rechts auf rechts legen und an der hinteren Mitte zusammennähen (Paßpunkte 1+2). Anschließend die Naht auseinanderbügeln.

Träger

Die Träger an beiden Seiten 1
einbügeln und auf Bruch
geln. Steppen Sie diese da
zusammen und weiter rundu
kantig ab.

Gummizug

Jetzt schneiden Sie den Gum
passend für Ihre Größe zu.
Gr. 36=79 cm Gr. 42=90
Gr. 38=82 cm Gr. 44=94
Gr. 40=86 cm
Stecken Sie den Volant rec
auf links an das Oberteil (Pa
punkte 1, 3, 4, 5, 6+7), die T
ger einschieben (Paßpunkte
5, 6+7), alles zusammennäh
(Step-Grafik 1), wenden u
die Naht kantig bügeln.
Nahtkante oben abstepp
und für den Tunnel mit 2,5
Abstand durchsteppen (Ste
Grafik 2). An der hinteren Mi
eine Öffnung zum Einzieh
des Gummis lassen. Diesen
Hilfe einer Sicherheitsnadel e
ziehen. Die beiden Enden
sammennähen und den Gu
mi in den Tunnel rutschen l
sen. Die Öffnung zusteppen.

Saum

Topsaum 1 cm ein- und 1
umbügeln, feststecken und v
links kantig aufsteppen.

Rock:
Kleiderstoff
Vlieseline Bundfix, 3,5 cm breit
1 Reißverschluß, 18 cm lang (Opti-lon)
1 Knopf
Nähgarn (Amann)

Top:
Kleiderstoff
Gummi, 2 cm breit
Nähgarn (Amann)

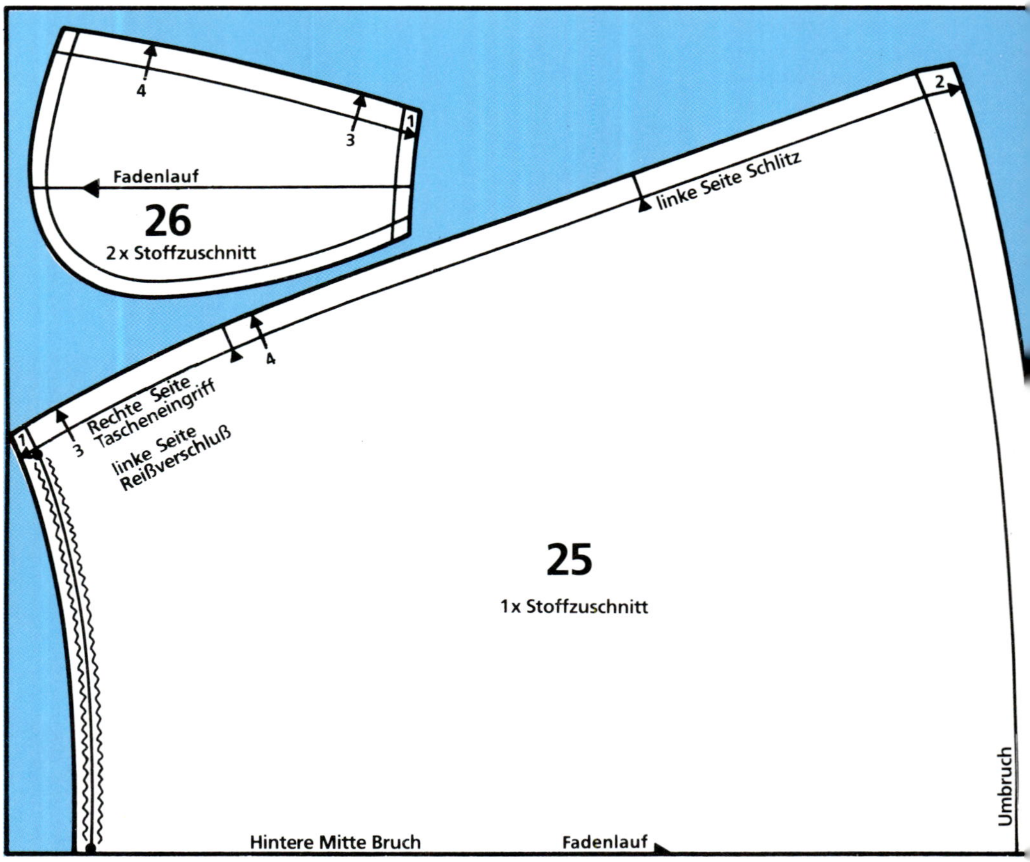

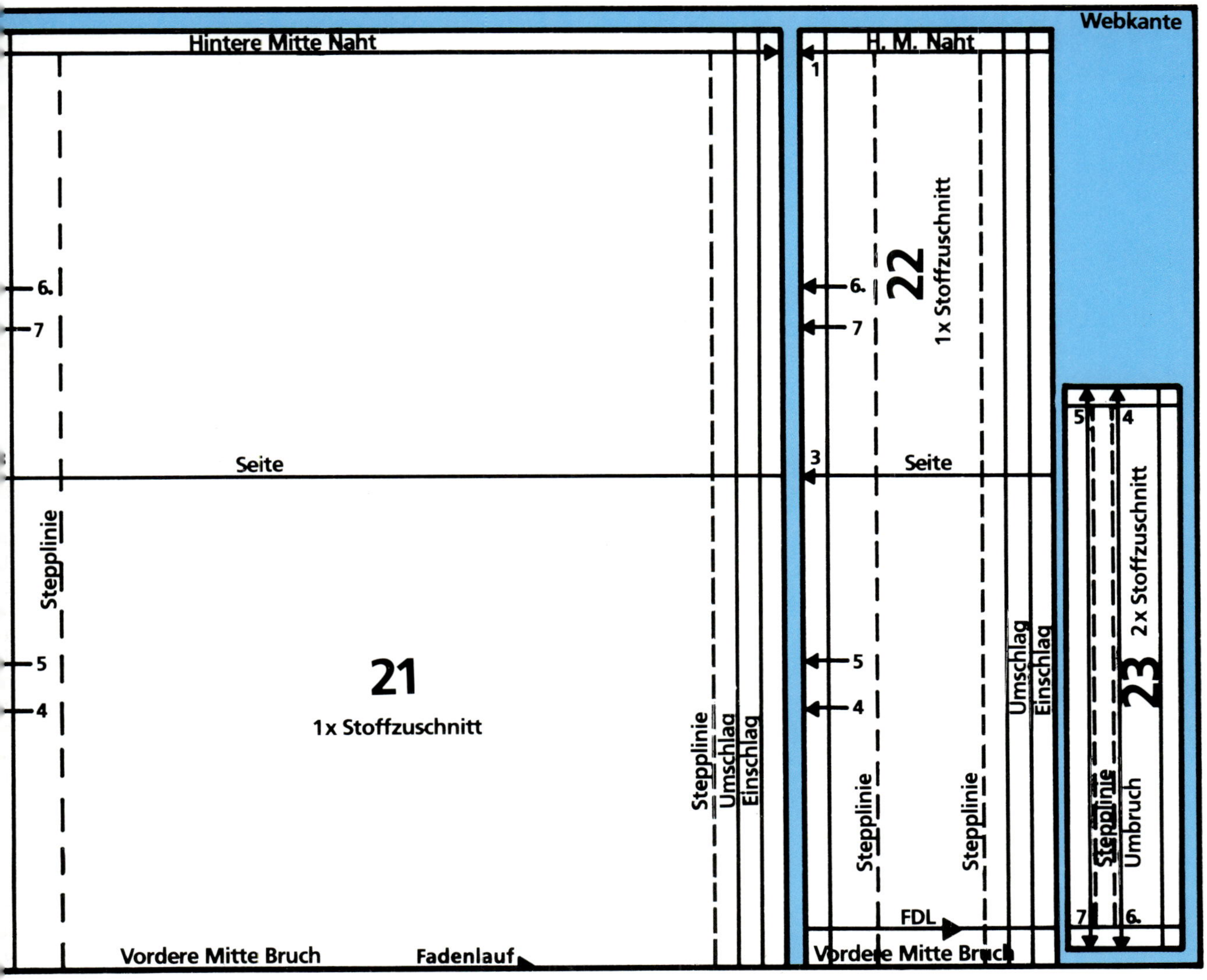

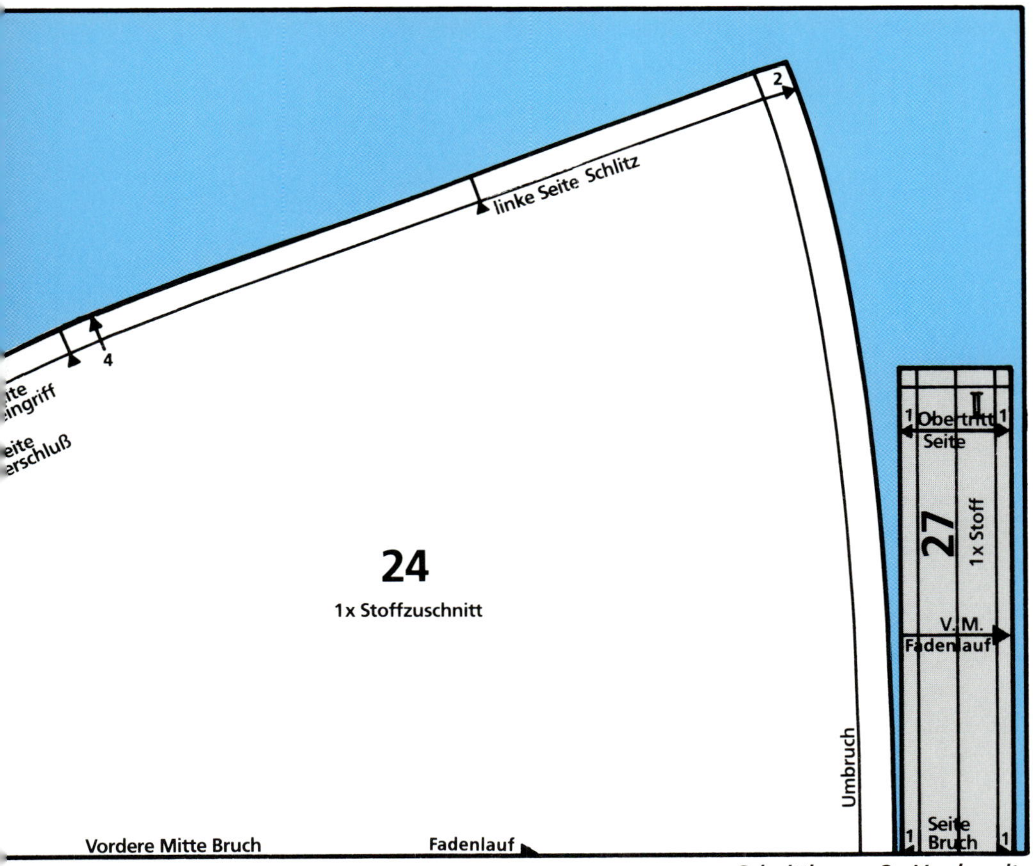

Die Schnittlagebilder gelten für alle Größen und zeigen eine Stoffbreite von 140 cm auf Bruch gelegt.

Rock und Top

21 Vorder- und Rückteil
22 Volant
23 Träger
24 Vorderrock
25 Hinterrock
26 Taschenbeutel, rechte Seitennaht
27 Bund

Alle Nahtzugaben 1,0 cm

Seitennaht Rock: 2 cm
Rocksaum: 3 cm
Volantsaum:
1 cm Einschlag
1 cm Umschlag

= Einlage

Schnittbogen 2 – Vorderseite

ÄRMELEINSATZ

Das schönste Modell macht keine Freude, wenn die Paßform des Ärmels nicht stimmt. Um welche Ärmelform es sich auch handelt, auf zwei Paßpunkte müssen Sie immer besonders achten: den Schulternahtpunkt an der Armkugel und den vorderen Ärmeleinsatzpunkt. Letzterer verhindert vor allem ein Verdrehen des Ärmels bzw. ein seitenverkehrtes Einsetzen.

Der glatt eingesetzte Ärmel

»Glatt einsetzen« heißt: Die Armkugel wird weder in Falten gelegt noch eingekräuselt. Die Armkugelnaht schließt maßgerecht mit der Schulterbreite ab, wobei eine modische Verbreiterung der Schulter möglich ist.

1 Den Ärmel vor dem Einsetzen immer etwas in Form bügeln. Dies gilt besonders für den zweiteiligen Ärmel und kann vor dem Schließen der Ärmelnaht oder, wie hier, bei geschlossenem Ärmel erfolgen. Den Ärmel so auflegen, daß der Schulterpaßpunkt – verlängert – als Mittellinie des Ärmels dient. Die vordere Ärmellänge leicht einhaltend in Form legen und die hintere Ärmellänge bei der hinteren Ärmelnaht leicht dehnen.

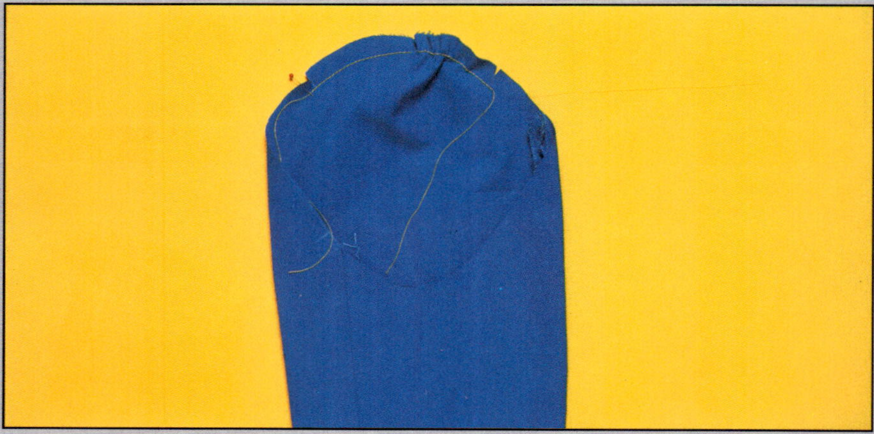

2 Die Armkugel mit einer großen Stichlängeneinstellung einmal vornähen und den Unterfaden danach etwas anziehen. Die Weite über die gesamte Armkugel gleichmäßig verteilen. Welche Strecke Sie einhalten müssen, zeigt Ihnen eine langgezogene Wellenlinie auf dem betreffenden Schnittteil.

3 Halten Sie nur so viel Weite ein, daß die Armkugel sich leicht nach innen wölbt. Bei weichen Stoffen läßt sich die Mehrweite (Einhaltweite) leicht einbügeln. Bei festem Gewebe müssen Sie darauf achten, daß sich keine Fältchen bilden. Bügeln Sie von der Schnittkante aus bis knapp über die Nahtlinie – nicht weiter. Dieses Einbügeln ist eine Vorbereitung, die Ihnen das Einsetzen des Ärmels erleichtert und einen schönen Sitz der Armkugel garantiert.

ÄRMELEINSATZ

4 Den Ärmel rechts auf rechts in das Armloch einstecken. Beginne Sie beim vorderen Ärmeleinsatzpunkt, so daß das Vorderteil mit dem vorderen Ärmelteil an dieser Stelle exakt aufeinandertrifft. Stecken Sie bis zur Schulternaht Stecknadeln ein. Hier muß der Schulterpaßpunkt der Armkugel exakt auf die Schulternaht von Vorder- und Rückteil treffen. Anschließend den gesamten Ärmel einstecken.

5 Bei leicht verrutschendem Stoffmaterial und bei festem Gewebe ist ein Vornähen mit Heftstichen am besten, d. h. Sie heften den Ärmel vor dem Einsteppen mit kurzen Heftstichen ein.
Achten Sie auf die gleichmäßige Verteilung der Mehrweite (Einhaltweite) im Bereich der Armkugel. Heften Sie 9 mm ab Schnittkante, so daß Sie 1 cm ab Schnittkante steppen können. Den Steppvorgang beginnen Sie auf der unteren bzw. inneren Ärmelnaht.

6 Nach dem Einnähen werden die Schnittkanten geringfügig zurückgeschnitten, um eventuell ausgefranste Stellen zu beseitigen. Anschließend kann mit einem Zick-Zackstich oder einem Überwendlingsstich versäubert werden. Schulterpolster werden gern getragen und sind kaum mehr wegzudenken; hier zeigen wir Ihnen eine Einnähtechnik, die besonders bei gefütterten Kleidungsstücken Verwendung findet. Die Schulterpolster mit der geraden Kante an die Schnittkante der Ärmeleinsetznaht legen, auf der Schulternaht ausmitteln und noch 1-2 cm zum Rückteil hinschieben, feststecken und mit Rückstichen von der Ärmelseite aus – neben der Ärmeleinsetznaht – festnähen. Die Stiche etwas lockerer halten. Bei mittelstarken und starken Schulterpolstern wird nur die obere Polsterfläche erfaßt, so bleibt das Polster selbst glatt und die Armkugel gleichmäßig rund.

IN DEN GRÖSSEN 36-46

BESCHWINGTER STUFENROCK

für die Sommerfrische

Blumen erstrahlen bei Sonnenschein und erfreuen uns zu jeder Tageszeit. Ein so prachtvolles Blumenarrangement wie auf diesem pflegeleichten Stoffmaterial kann und wird nie verwelken. Das Material: 100% Viskose. Die Pflege: waschen bis 40°, bügeln auf Stufe 1; chemische Reinigung möglich.

Stoffverbrauch

Oberstoff:
Gr. 36 + 38 = 2,50 m
Gr. 40 + 42 = 2,60 m
Gr. 44 + 46 = 2,80 m

Futter:
Gr. 36 + 38 = 30 cm
Gr. 40 + 42 = 35 cm
Gr. 44 + 46 = 40 cm

Diese Angaben beziehen sich auf eine Stoffbreite von 140 cm.

Zuschnitt

Legen Sie zuerst den Oberstoff rechts auf rechts in Bruch, so daß Webkante auf Webkante trifft. Beginnen Sie bei der Schnittauflage, wie im Schnittlagebild aufgeführt, mit der Bindeschleife (Schnitteil 3). Das rückwärtige Passenteil (Schnittteil 1) zeichnen Sie zuerst auf und legen es ein zweitesmal gegengleich auf. Das Passenvorderteil (Schnitteil 1) zeichnen Sie hälftig einmal auf und kontern das Schnitteil entlang der vorderen Mitte. Schneiden Sie vorab diese eben aufgeführten Teile zu, und kennzeichnen Sie alle Paßpunktstellen.

Achtung! Alle Schnitteile sind inklusive Nahtzugaben.

Für die **erste Volantstufe** messen Sie direkt ab Bruchkante die für Ihre Größe entsprechenden Maße ab, und schneiden Sie sie sofort zu.

Gr. 36 = 2mal 30 cm x 96 cm
Gr. 38 = 2mal 30 cm x 98 cm
Gr. 40 = 2mal 30 cm x 100 cm
Gr. 42 = 2mal 30 cm x 102 cm
Gr. 44 = 2mal 30 cm x 104 cm
Gr. 46 = 2mal 30 cm x 106 cm

Für die **zweite Volantstufe** messen Sie wie folgt ab:

Gr. 36-46 = 2mal 37 cm x 140 cm

Hier wird die gesamte Stoffbreite ausgenutzt. Kennzeichnen Sie sich vordere und hintere Mitte wie auch die Ansetzkanten.

Achtung! Alle Maßangaben sind inklusive Nahtzugaben.

Den Futterstoff ebenfalls auf Bruch legen, das betreffende Schnitteil (Nr. 4) hälftig aufzeichnen, entlang der vorderen bzw. hinteren Mitte gekontert aufstecken und zuschneiden. Alle Paßpunkte kennzeichnen sowie vordere und hintere Mitte markieren oder einknipsen. Schneiden Sie auch gleich die Einlage im Bundbereich der Passe zu und bügeln Sie sie auf die linke Stoffseite der Innenpasse. Auch zur Verstärkung des Reißverschlusses wird ein 2,3 cm breiter Vlieselinestreifen auf die außen liegende Rückteilpasse entlang der hinteren Mitte aufgebügelt.

Bindeschleife

Die Längsseiten der Schleife 0,5 cm ein- und 0,5 cm umbügeln. Danach die Einschlagkante knappkantig absteppen. Die Breitseite der Schleife von Paßpunkt 1 bis 6 mit einem großen Stich 2 mal vornähen und bis auf 10 cm einkräuseln. Anfang und Ende der Fäden sichern.

Stufenrock:
Fließender Kleiderstoff
Vlieseline, H 200 (Freudenberg)
Nahtband oder Futterstreifen
Futterstoff
1 Reißverschluß, 25 cm lang (Opti-lon)
1 Verschlußhaken mit Öse (Prym)
Nähgarn, Seralon S (Amann)

① Die Bindeschleife 0,5 cm ein-, 0,5 cm umbügeln und absteppen. Laut Schnittangabe die Breitseite zweimal vornähen und auf 10 cm einkräuseln. Die linke Stoffseite der Schleife auf die rechte Stoffseite der Vorderpasse legen und schnittkantengleich auf die Seitennaht nähen. Bleiben Sie mit der oberen Umschlagkante 1 cm von der Taillenkante entfernt.

② Vordere und rückwärtige Außenpasse, wie auch vordere und rückwärtige Innenpasse, an der Seitennaht schließen, beide Teile rechts auf rechts legen, am Taillenring verstürzen, wenden, kantig bügeln und die Bindeschleife zur Vorderpasse hin legen. Auf der Hinterpasse nähend, die Nahtzugabe des Schleifenbandes knapp neben der Naht feststeppen.

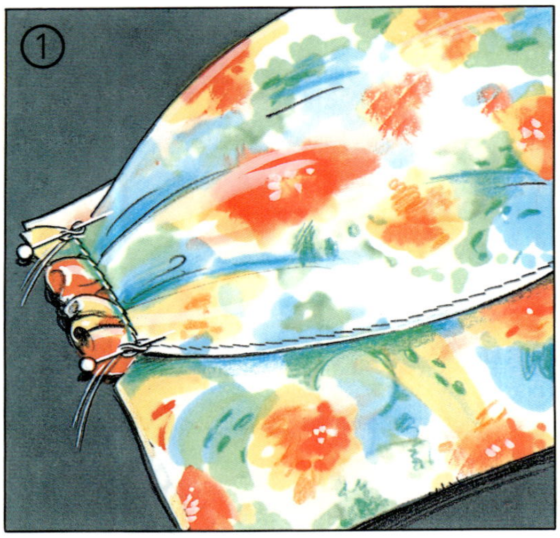

Passe

Arbeiten Sie zuerst die Außenpasse. Bei den rückwärtigen Passenteilen zuerst die Abnäher einlegen, abnähen (Paßpunkt 7 auf 7 und 8 auf 8) und zur hinteren Mitte hin bügeln.
Die verstärkten Schnittkanten der hinteren Mitte 2 cm einbügeln (Paßpunkte 10 + 11) und den Reißverschluß verdeckt gegeneinander einnähen.
Die Abnäher der Vorderpasse ebenfalls einlegen, abnähen (Paßpunkt 4 auf 4 und 5 auf 5) und jeweils zur vorderen Mitte hin bügeln.
Nun bei den Zuschnitteilen der Innenpasse die Abnäher einlegen, abnähen und bügeln. Die Schnittkante der hinteren Mitte (Innenpasse) 2,2 cm einbügeln.
Nun die Außenpasse und die Innenpasse separat voneinander an den Seitennähten (Paßpunkte 1 + 2) mit einem 2 cm Kantenabstand schließen, dabei die Bindeschleife bei der Außenpasse, wie in unserer 1. Step-Grafik und auch der 2. Step-Grafik beschrieben, miteinnähen (Paßpunkte 1, 3 + 6). Die Nähte ausbügeln. Danach beide Passen entlang der Bundkante rechts auf rechts legen, stekken und den Reißverschluß öffnen. Die hintere Nahtzugabe der Innenpasse um den Reißverschluß herumlegen, stecken und den gesamten Taillen- bzw. Bundring abnähen.

Achtung! Nicht vergessen! Die Aufhänger an den Seitennähten einschieben.

Außen- und Innenpasse auf die rechte Stoffseite wenden und die Naht kantig bügeln.
Die eingebügelte, hintere Nahtzugabe der Innenpasse, vom Bundring her ausgleichend, entlang des Reißverschlußbandes aufstecken und anstaffieren. Anschließend die gesamte Bundkante knapp absteppen und dabei die Aufhänger zur Innenseite, nach unten legen.
unteren Passenkanten auf
anderheften.

Futter

Das Rockfutter rechts auf rec
legen und die Seitennähte v
Paßpunkt 2 bis Paßpunkt 9
einem Kantenabstand von 2
abnähen. Die Nahtzugaben
sammen versäubern und
hinteren Mitte hin bügeln.

Erste Volantstuf

Die seitlichen Schnittkanten
säubern, beide Zuschnitt
rechts auf rechts legen und
Seitennähte mit einem Kant
abstand von 1 cm schließ
Die Saumkante des nun zu
nem Ring geschlossenen
lants zuerst versäubern, da
1 cm einbügeln und knappk
tig feststeppen. Die Ansetzk
te zweimal mit der größ
Stichlängeneinstellung Ihrer

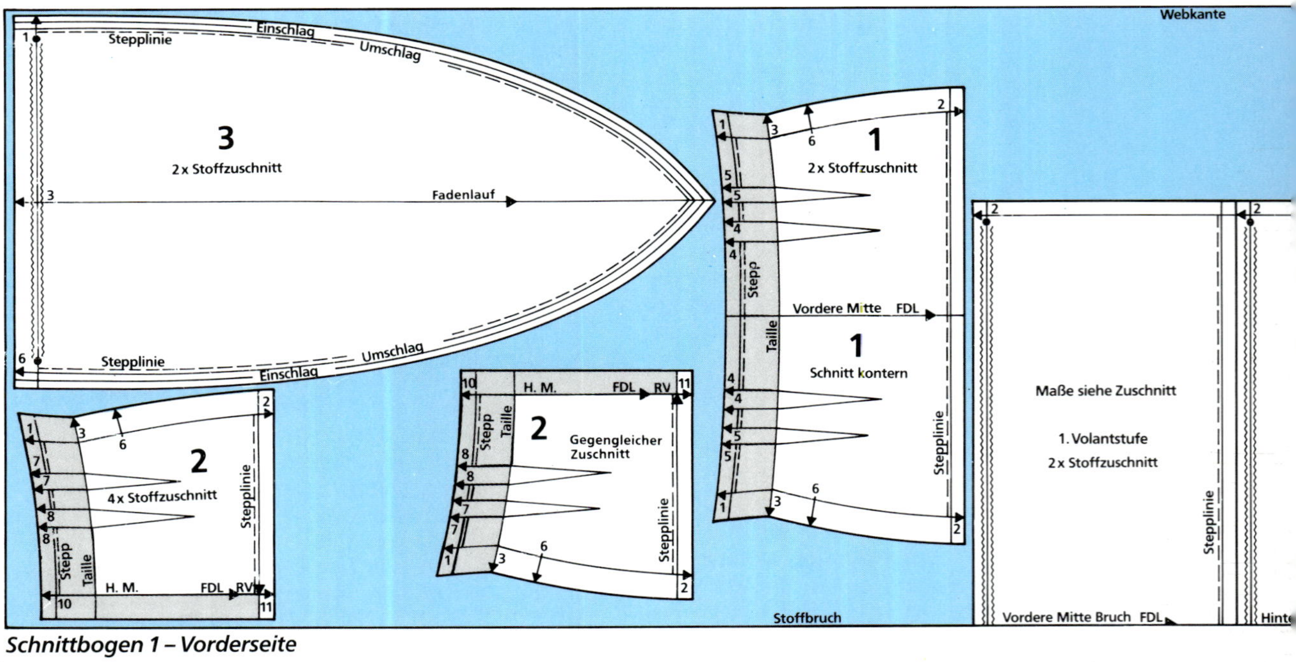

Schnittbogen 1 – Vorderseite

ıine vornähen,
d die vordere und
ıtere Volantbahn
f Ihr betreffendes
ıß einkräuseln.
. 36 = auf je 47 cm
. 38 = auf je 49 cm
. 40 = auf je 51 cm
. 42 = auf je 53 cm
. 44 = auf je 55 cm
. 46 = auf je 57 cm
: eingekräuselte Ansetz-
nte links auf rechts
ınittkantengleich, auf Paß-
nkt 2 achtend, an das Fut-
teil stecken und mit einem
ntenabstand von 0,8 cm an-
hen. Jetzt die am Futter fest-
ıähte Kräuselkante rechts
f rechts schnittkantengleich
die untere Passenkante (Paß-
ınkt 2) stecken und mit 1 cm
ntenabstand festnähen. Die
ıtzugaben zusammen ver-
ıbern, nach oben zur Passe
ı legen, eventuell bügeln,
d von der rechten Stoffseite
; knappkantig, auf der Passe
ppend, festnähen.

inweis:
ähen Sie am Bundring
in Nahtband mit ein, so
ann sich die Kante nicht
erziehen.

Zweite Volantstufe

Auch hier die seitlichen Schnittkanten zuerst versäubern, dann vordere und hintere Volantbahn rechts auf rechts legen, stecken und die Seitennähte mit 1 cm Kantenabstand schließen. Die Nahtzugaben auseinanderbügeln, die Saumkante versäubern, danach 1 cm einbügeln und knappkantig feststeppen. Auch hier die Ansetzkante zweimal vornähen und die vordere wie auch die hintere Volantbahn auf Ihre Größe einkräuseln.

Gr. 36 = auf je 65 cm
Gr. 38 = auf je 67 cm
Gr. 40 =
auf je 69 cm
Gr. 42 = auf je 71 cm
Gr. 44 = auf je 73 cm
Gr. 46 = auf je 75 cm

Die eingekräuselte Volantkante rechts auf rechts an die Saumkante des Rockfutters legen (Paßpunkt 9), stecken und mit 1 cm Kantenabstand annähen. Die Nahtzugaben zusammen versäubern und zum Futterteil hin hochbügeln. Von rechts, knapp neben der Naht auf dem Futter steppend, die Nahtzugabe festnähen.

Das erste Schnittlagebild gilt für die Größen 36-38 und zeigt den Zuschnitt der Rockpasse und der Bindeschleife in Kombination mit einer Schemazeichnung der Volantstufen, deren Maße in der Arbeitsanleitung unter »Zuschnitt« aufgeführt sind. Die Stoffbreite beträgt 140 cm und ist auf Bruch gelegt.

Das zweite Lagebild zeigt die Auflage des Futterteiles. Auch hier beträgt die Stoffbreite 140 cm auf Bruch gelegt und gilt für alle Größen.

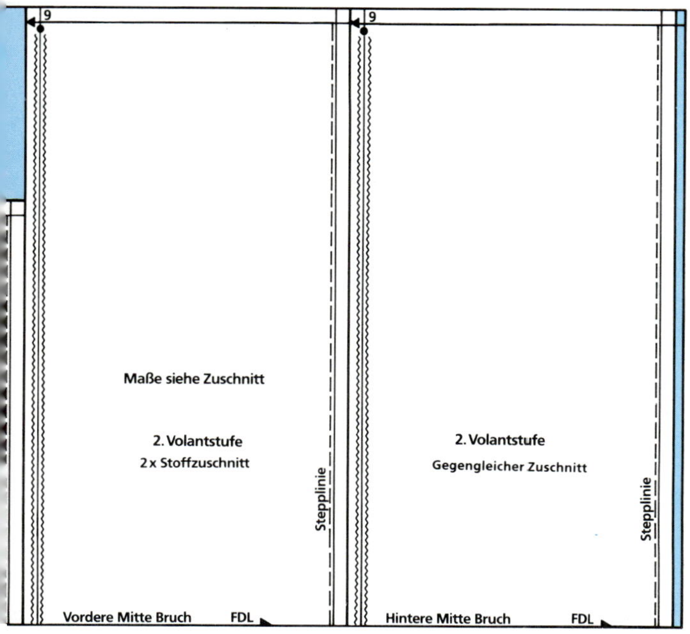

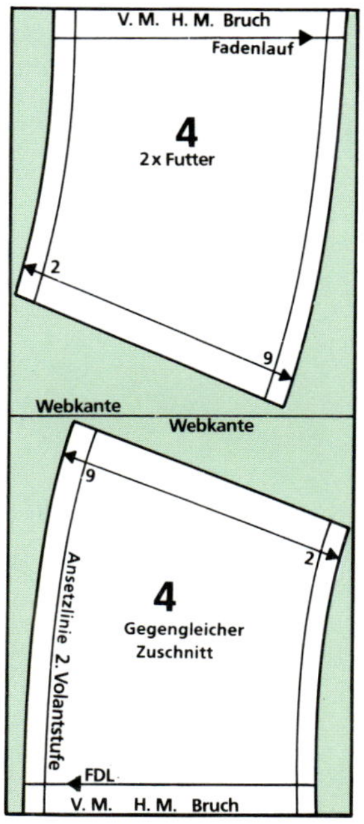

Stufenrock

1 Passenvorderteil
2 Passenrückteil
3 Bindeschleife
4 Vorderes und rückwärtiges Rockfutter

Alle Nahtzugaben 1 cm
bis auf:
Hintere Mitte: 2 cm
Seitennaht: 2 cm
Bindeschleife:
0,5 cm Einschlag
0,5 cm Umschlag

Hinweis für den Zuschnitt:
Die Schnittauflage verschiebt sich etwas bei den Größen 40-46.

▭ = *Einlage*

IN DEN GRÖSSEN 36-46

LEGERE JACKE

ein superschnelles Modell

Ein freundlicher Übergangsstoff, der auch ohne Futter gut zu tragen ist. Das Material aus 40% Viskose, 40% Baumwolle und 20% Leinen sollte nach dem Zuschnitt sofort versäubert werden.

Stoffverbrauch

Gr. 36 – 40 = 1,90 m
Gr. 42 + 44 = 2,00 m
Gr. 46 = 2,10 m

Diese Angaben beziehen sich auf eine Stoffbreite von 150 cm.

Zuschnitt

Achtung! Alle Schnitteile inklusive Nahtzugabe.

Legen Sie Ihren so daß die rec nen liegt. St Schnitteile laut unserem Schnittlageplan auf, und schneiden Sie anschließend die Jacke zu. Übertragen Sie alle Paßpunkte und Markierungen auf den Oberstoff.

Näharbeit

Es werden alle Schnitteile rundum versäubert bis auf den Ärmel- und den Jackensaum.

Hinweis: Da die Seitennähte bei nicht gefütterten Modellen sehr beansprucht werden, sollten diese, besonders bei fransender Qualität, entweder mit einer Overlock versäubert oder mit Schrägstreifen eingefaßt werden.

Beleg

Nähen Sie die Belegteile an der Schulternaht rechts auf rechts zusammen (Paßpunkt 1), und bügeln Sie danach die Nahtzugabe aus. Das gesamte Belegteil an der Außenseite 1 cm zur linken Seite einbügeln (siehe Step-Grafik 1). Vorderes und

Für wechselnde Herbsttemperaturen: eine in Form gebundene modische Abwechslung.

Bindejacke:
Jackenstoff
Nähgarn (Amann)
1 Paar Schulterpolster

hinteres Jackenteil rechts a
rechts zusammenlegen, ste
ken, die Schulternaht schließe
(Paßpunkte 1+2) und die Nah
zugabe ausbügeln. Anschl
ßend das geschlossene Bele
teil an die vordere Kante und a
den Halsring stecken, annähe
(Paßpunkte 1, 3+7) und gleic
zeitig die Ecke des Bindeteil
am Vorderteil in der Einschlag
nie verstürzen. Die Rundur
am Halsring einschneiden, B
deecken abschrägen und d
Belegteil wenden. Die Na
kantig bügeln und 3 mm bre
anheften. Den Beleg auf der li
ken Seite zuerst feststecke
und dann bis zum Saum fe
heften.

Ärmel

Die Falten am Ärmel – rech
Stoffseite liegt oben – in Pfe
richtung stecken und entlar
der Schnittkante festnähe
Den Saum 1 cm ein- und 1 c
umbügeln. Die Ärmelna
schließen (Paßpunkte 4+8), d
Naht ausbügeln und die Ei
schlagkante des Saumes knap
kantig durchsteppen.
Anschließend den Ärmel nac

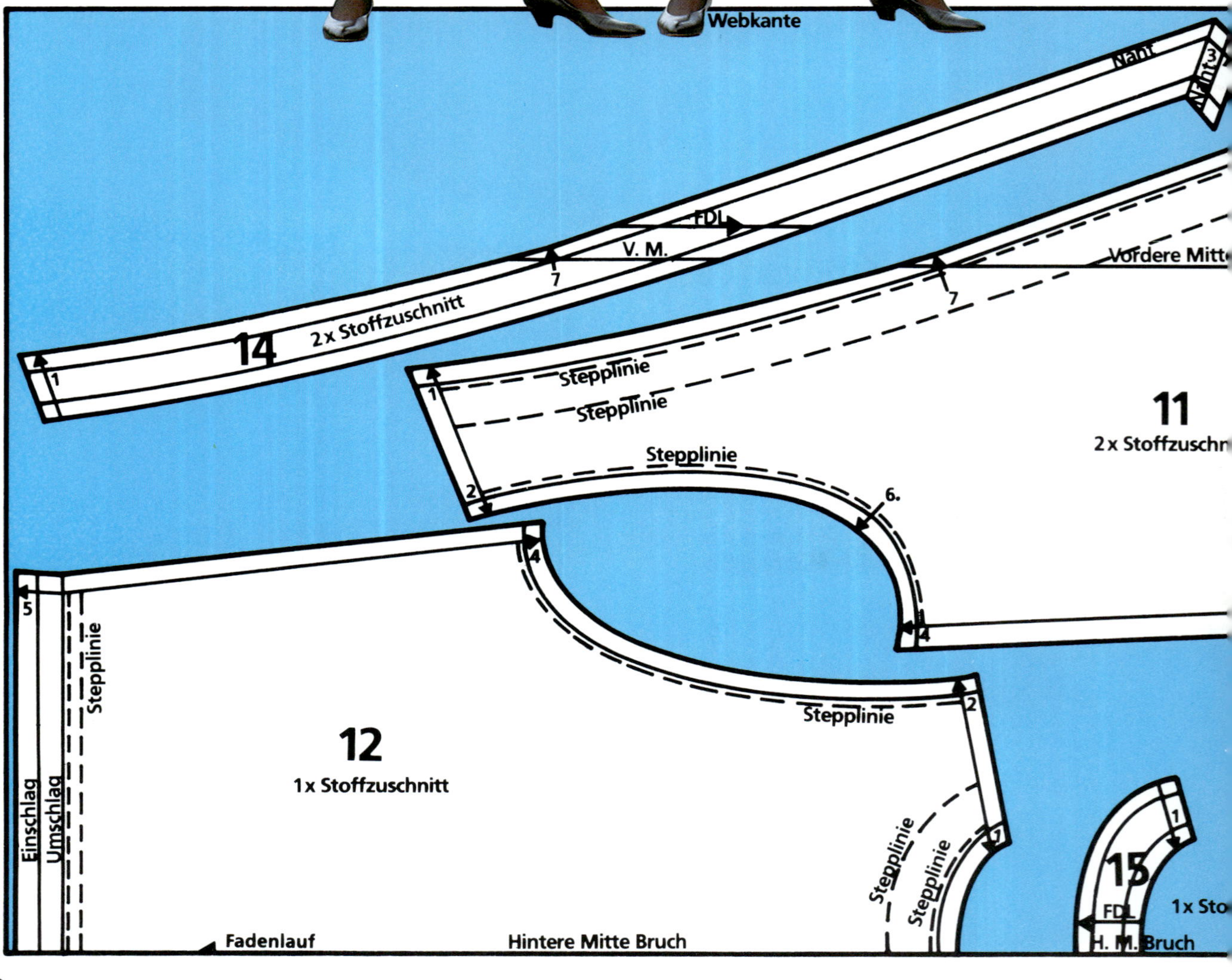

ßpunkten 4, 6+4 einstecken d einnähen. Die Nahtzugabe m Jackenteil bügeln und das mloch ringsum kantig ab- ppen.

Seitennaht

gen Sie die seitlichen Schnitt- nten von Vorder- und Rück- l rechts auf rechts zusammen ßpunkte 5, 4+8), und stek- n Sie sie entlang der Nahtlinie t. Nachdem Sie die Seiten-naht geschlossen haben, wird diese auseinandergebügelt.

Weiterverarbeitung

Den Jackensaum 1 cm ein-, 1 cm umbügeln und von links aufsteppen. Gleichzeitig die geheftete Einschlagkante des Belegteiles mitsteppen (siehe Step-Grafik 2). Anschließend die verstürzte und geheftete Belegkante inklusive Saumumschlagkante knappkantig von rechts durchsteppen.

Fertigstellung

Die Schulterpolster je nach Ausführung mit Futterstoff überziehen, einstecken, Lage überprüfen und mit Handstichen an der Schulternaht befestigen.

Praxistip

Die Bindeecken so gut wie möglich bügeln, der Saumumschlag läßt sich so besser durchsteppen.

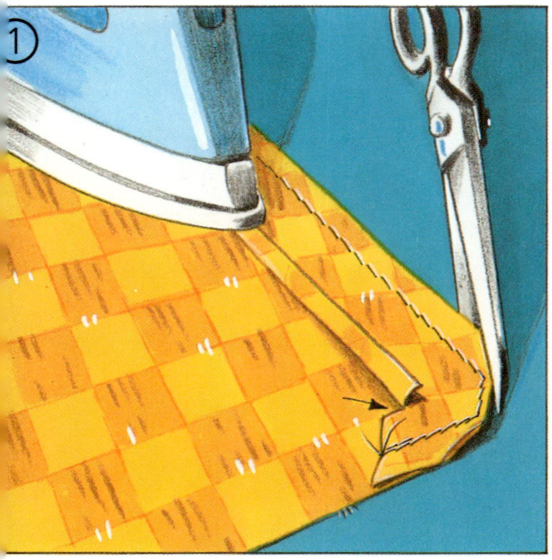

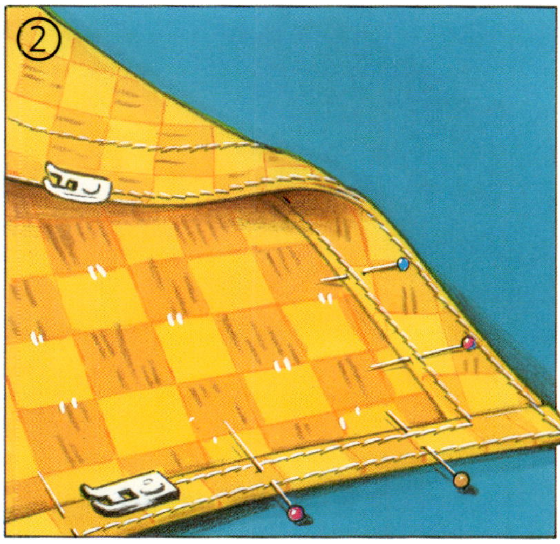

(1) Den Beleg rechts auf rechts an die vordere Schnittkante legen und aufsteppen. Die Ecke 1 cm breit abnähen und mit einer 1 cm breiten Naht den Saum bis Belegende abnähen. Die Belegaußenkante 1 cm auf die linke Seite bügeln, dabei in die Ecke einschneiden und die Nahtzugabe abschrägen bzw. zurückschneiden.

(2) Den Beleg nahtkantig auf die linke Seite bügeln, die Ecke ausrichten und feststecken. Die Saumkante 1 cm ein- und 1 cm umschlagen, bügeln, stecken und beide Einschlagkanten (vordere Mitte und Saum) von links knappkantig aufsteppen. Das Nähgut wenden und von rechts die Außenkante ebenfalls knapp absteppen.

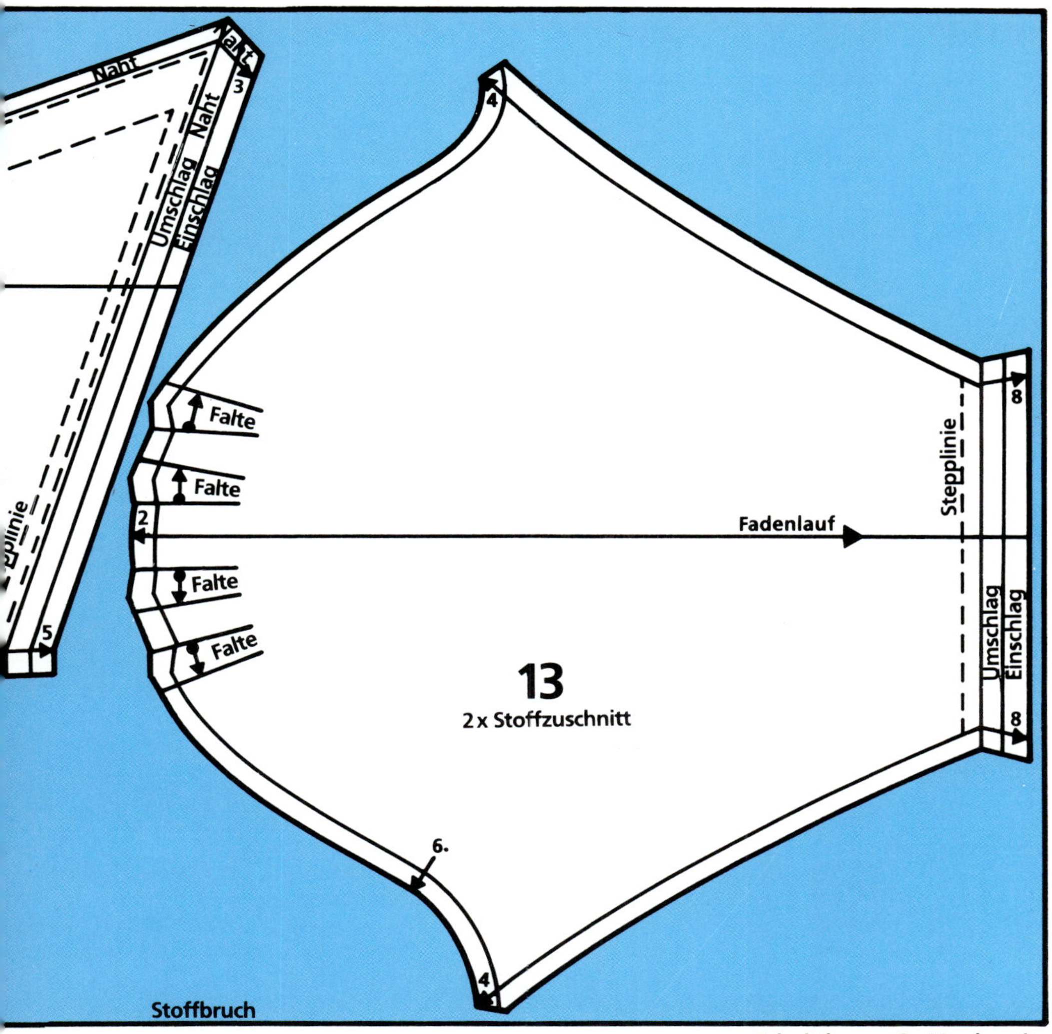

Schnittbogen 2 – Vorderseite

Das Schnittlagebild gilt für die Größen 36-40 und zeigt eine Stoffbreite von 150 cm auf Bruch gelegt.

Bindejacke
11 Vorderteil
12 Rückteil
13 Ärmel
14 Vorderes Belegteil
15 Hinteres Belegteil

Alle Nahtzugaben 1,0 cm
Säume: 1 cm Einschlag
1 cm Umschlag

Hinweis für den Zuschnitt:
Die Schnittauflage verschiebt sich etwas bei den Größen 42, 44 und 46.

Der Hüftbund mit angesetztem Taillenbeleg

Der angesetzte Taillenbeleg ist ein sauberer Taillenabschluß, der auf der rechten Seite des Kleidungsstückes nicht zu sehen ist und meistens bei Röcken mit Hüftpassen, bei einer kurzen Taille oder bei starken Größen verwendet wird.
Der Formbeleg des Hüftbundes wird mit einer Einlage gearbeitet. Dadurch ergibt sich ein fester und dauerhafter Taillenabschluß.
Im allgemeinen schneidet man das Belegteil aus dem Oberstoff zu. Bei dicken, schweren Stoffen verwendet man besser ein leichteres Material (z. B. Futterstoff), damit der fertige Beleg nicht aufträgt. Schneiden Sie den Formbeleg nach dem Schnitteil zu, das dann dem betreffenden Schnittmuster beigefügt ist. Übertragen Sie dabei alle Markierungspunkte auf den Oberstoff.
Die Vlieseline wird ebenfalls nach dem Belegschnitteil zugeschnitten.
Unser Modell ist ein gerader Rock mit Abnähern, zwei Seitennähten und einer Naht in der hinteren Mitte, in der als Verschluß ein beidseitig verdeckter Reißverschluß angebracht ist.
Der Beleg dieses Modells wird wie der Rock aus drei Teilen gefertigt, nämlich einem vorderen und zwei rückwärtigen Belegteilen.

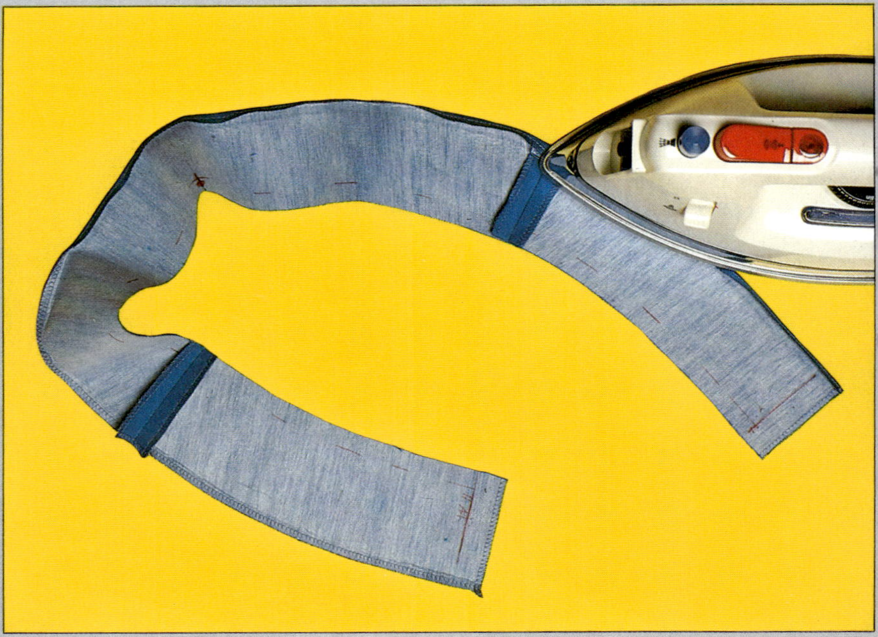

1 Nachdem Sie die Vlieseline mit der beschichteten Seite links auf den Beleg gebügelt haben, werden die Seitennähte der Belegteile geschlossen. Die hintere Mitte bleibt offen. Anschließend wird die Nahtzugabe der Belegunterkante nach innen über die Einlage geschlagen, festgesteckt und gesteppt.
Versäubern Sie vorher noch den Rand des Beleges mit Zickzackstichen oder mit einer Overlocknaht.

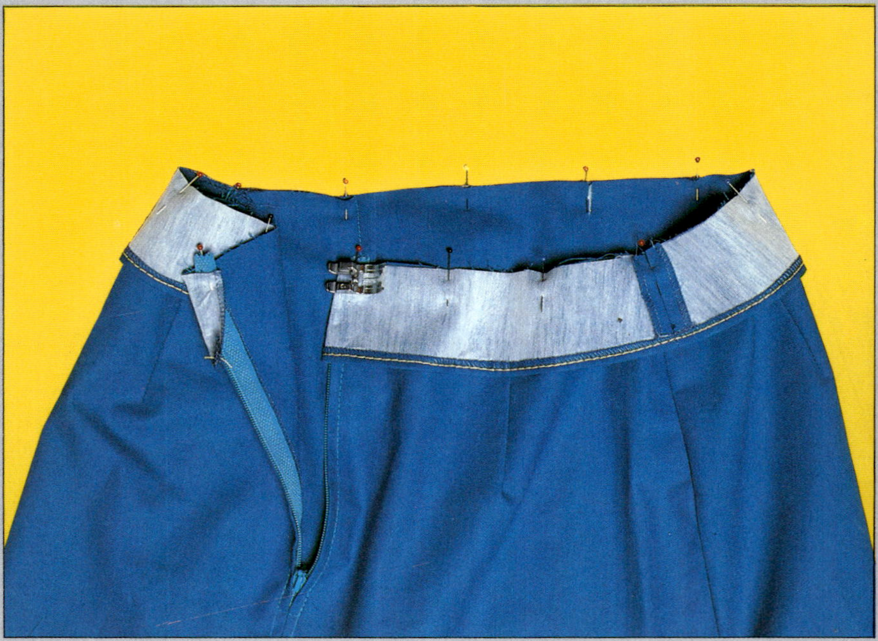

2 Der so vorbereitete Beleg wird nun rechts auf rechts an den Taillenrand des Rockes gesteckt. Achten Sie darauf, daß die auf den Schnitteilen angegebenen Markierungspunkte beider Teile übereinstimmen und die Seitennähte aufeinandertreffen. Jetzt die beiden Teile Rock und Beleg zusammensteppen.
Wenn Sie noch etwas unsicher sind, empfehlen wir Ihnen, die Nähte vor dem Steppen zu heften.

3 Das Belegteil wird hochgeschlagen. Die Nahtzugaben werden, um eine schöne, flache Naht zu erzielen, zunächst auseinander- und anschließend nach oben in den Beleg gebügelt. Drehen Sie nun den Rock herum, so daß er mit der rechten Seite nach außen vor Ihnen liegt, und steppen Sie auf dem Beleg dicht neben der Taillennaht ab. Die untenliegenden Nahtzugaben werden mitgefaßt. Dadurch bekommt der Taillenrand den nötigen Halt, und ein Verrutschen wird verhindert.

4 Jetzt wird das Belegteil nach innen geschlagen. Schieben Sie die Taillennaht ca. 2 mm nach innen in den Rock, damit später beim Tragen der Besatz nicht unschön herausschaut. Der Beleg soll glatt auf der Innenseite aufliegen. Nähen Sie ihn deshalb mit einigen Stichen an den Seitennähten des Rockes fest.

Zuletzt werden die Nahtzugaben der rückwärtigen Mitte so weit nach innen eingeschlagen, daß die Zähnchen des Reißverschlusses frei bleiben, und dann mit Handstichen anstaffiert.

Von rechts haben Sie einen sauberen Taillenabschluß, und es ist keine Naht zu sehen.

Bringen Sie am oberen Verschlußende einen kleinen Haken mit Öse an, damit sich der Reißverschluß nicht von alleine öffnet. Oder verwenden Sie spezielle Reißverschlüsse mit Sicherungshaken an der Unterseite des Schiebergriffes.

Schwungvoll in den Herbst

IN DEN GRÖSSEN 36-44

BLUMEN FÜR DEN SOMMER: EIN TELLERROCK

ohne großen Aufwand

Stoffverbrauch

:k mit Taschen:
36 – 40 = 3,30 m
42 + 44 = 3,40 m
chenvariante:
36 – 44 = 45 cm
Angaben beziehen sich auf
Stoffbreite von 140 cm.

Zuschnitt

**ıtung! Alle Schnitteile in-
sive Nahtzugabe.**
Schnitteile des Rockes nach-
ander aufstecken und zu-
neiden. Achten Sie darauf,
der Stoff nur einfach liegt
die linke Seite obenauf ist.
en die Taschen aus dem glei-
n Stoff wie der Rock gear-
et werden, haben Sie nach
Zuschnitt genügend Reste,
denen Sie die Taschen zu-
neiden können.
onsten legen Sie den sepa-
en Taschenstoff rechts auf
nts im Bruch zusammen.
h hier die Schnitteile zuerst
stecken, dann ausschnei-
den. Alle Paßpunkte und Markierungen vom Schnitt auf den Stoff übertragen.
Für die hintere Mitte wird in Länge des Reißverschlusses eine Einlage zugeschnitten (2 x 27 cm lang, 3 cm breit) und auf die linke Stoffseite aufgebügelt.

Zwei Stoffe, die sich durchaus mixen lassen. Etwas folkloristisch und märchenhaft, so wirkt dieser Stoff. Ganz dezent hebt sich der Golddruck von den einzelnen Mustern ab. Das Material besteht aus 100% Viscose und ist unter anderem auch pflegeleicht: waschen bis 40°, bügeln auf Stufe 2 und allgemein chemische Reinigung.

Näharbeit

Versäubern Sie alle Kanten bis auf Saum, Taillenring, Tascheneingriff, Bund und Gürtel.
Legen Sie die Rückteile rechts auf rechts zusammen und schließen Sie die hintere Mitte (Paßpunkte 8 + 9). Die Öffnung für den Reißverschluß offenlassen. Bügeln Sie die Nahtzugabe aus und den Reißverschlußeinschlag um. Den Reißverschluß zuerst gegeneinander verdeckt einstecken, eventuell heften und dann einnähen. Legen Sie die Vorderteile rechts auf rechts zusammen und schließen Sie die vordere Mitte (Paßpunkte 1, 2 + 12). Die Nahtzugabe ausbügeln.

Taschen

Verstürzen Sie den Tascheneingriff mit den Belegen (Paßpun-

① Verstärkten Beleg rechts auf rechts schnittkantengleich auf den Taschenbeuteleingriff legen, feststekken und anschließend mit einer 1-cm-Naht abnähen. Danach die Rundung bis 2 mm vor die Steppnaht einschneiden.

② Den verstürzten Beleg knappkantig absteppen. Nachdem 2 Taschenbeutel rechts auf rechts zusammengenäht, die Ecke abgeschrägt und die rechte Seite nach außen gedreht wurden, zuerst die verstürzte Naht bügeln, dann knappkantig und anschließend füßchenbreit absteppen. Die Seitennaht bleibt offen, da sie in das Rockteil eingenäht wird.

Der neue Stil: erstklassig und klassisch zugleich

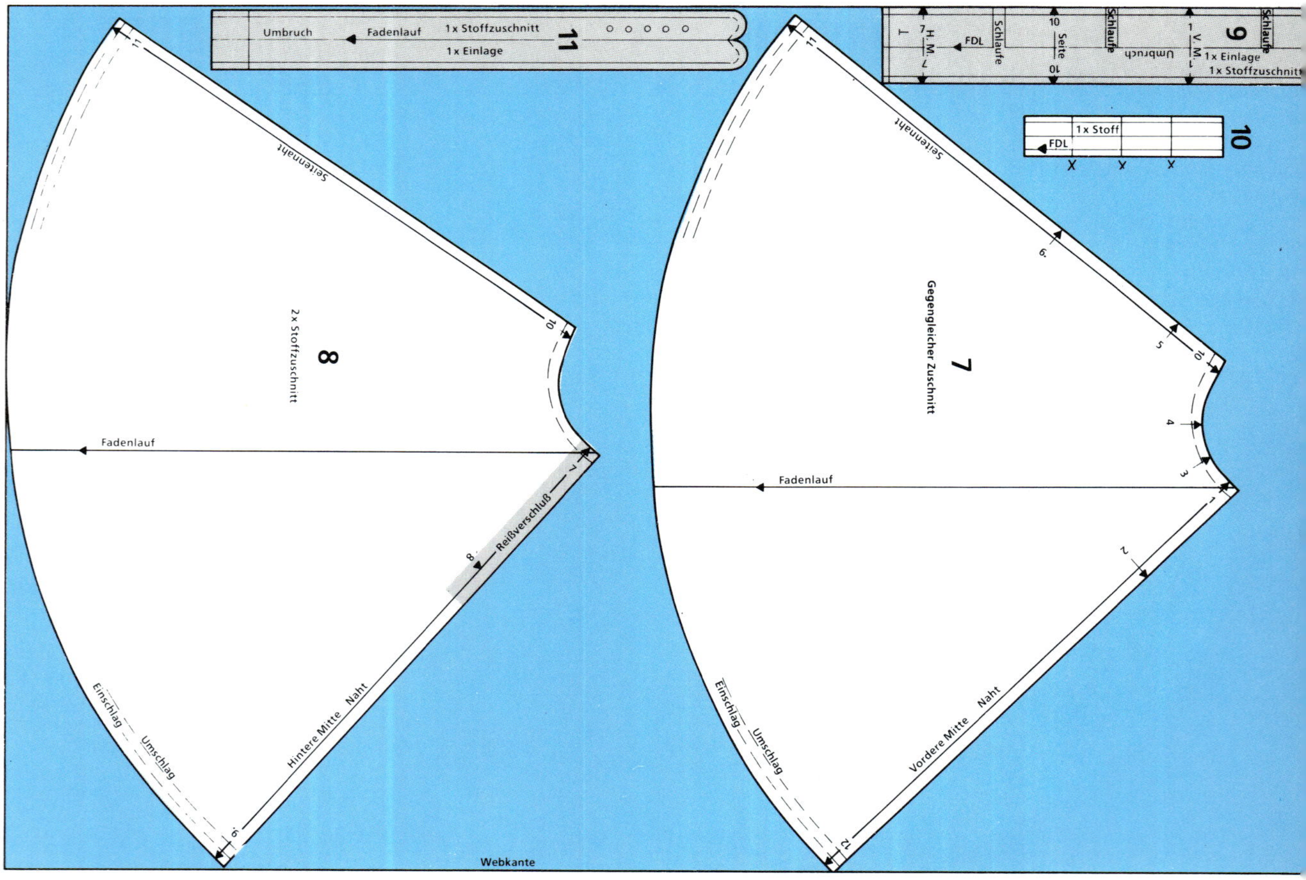

4, 13 + 5). Die Nahtzugabe in
Rundung bis zum Stepp-
:h einschneiden und den Be-
nach innen bügeln. Steppen
den Eingriff knappkantig
d füßchenbreit ab. Legen Sie
mer zwei Taschenbeutel
:hts auf rechts und verstürzen
den Taschenbeutel (Paß-
nkte 3 + 6). Die Tasche wen-
n, die Verstürznaht bügeln,
appkantig und füßchenbreit
steppen. Die Taschen auf den
rderrock legen (Paßpunkte 3,
5 + 6), mit Nadeln feststek-
n und an der Taille annähen.
rder- und Hinterrock rechts
f rechts legen und die Seiten-
ht schließen (Paßpunkte 10 +
). Anschließend bügeln Sie
Nahtzugabe aus. Die 1,5 cm
htzugabe der Tasche zum
nterrock bügeln.

Gürtelschlaufen

n Stoffstreifen an jeder
ngsseite 1 cm einbügeln. Den
hlaufenstreifen an beiden Sei-
1 2 mm absteppen, auf die
gegebene Länge schneiden
d am Außenbund festnähen.
e Schlaufenlage ist am Bund
gegeben.

Bund

n Bund in Bruch bügeln und
t einer Seite rechts auf rechts
den Taillenring vom Rock
feststecken (Paßpunkte 7, 10 + 1) und festnähen. Die Nahtzugabe in den Bund bügeln. Die Bundenden an der hinteren Mitte verstürzen und wenden. Den Innenbund laut Perforierung einschlagen, von der außenliegenden Bundseite feststecken und anschließend knappkantig feststeppen.

Gürtel

Die Rundung des Gürtels verstürzen, d. h.: den Gürtelstreifen rechts auf rechts in Bruch legen, Rundung 1 cm abnähen, zurückschneiden auf 1/2 cm und wenden. Entlang der Perforierung einschlagen und knappkantig ringsum absteppen. Das nicht verstürzte Gürtelende versäubern. 5 cm umschlagen, in die Mitte des Umbruchs mit Hilfe des Ösenwerkzeuges ein Loch stanzen, Schließe mit Dorn einfädeln und Umschlag knapp hinter der Dornführung und am versäuberten Ende festnähen. Die Ösen laut Markierung einschlagen.

Fertigstellung

Rocksaum einbügeln: 1 cm Einschlag, 1 cm Umschlag. Saum von links feststeppen.
Vorsicht! Umgebügelten Rocksaum möglichst nicht mehr dehnen, am besten ein paar Nadeln stecken. Knopfloch einarbeiten und Knopf anzeichnen oder markieren und festnähen.

Praxistip

Verwenden Sie unbedingt eine perforierte Einlage, da sich Bund und Gürtel so leichter verarbeiten lassen.

Rock:
Rockstoff
perforierte Einlage: 1x Bund-, 2x Gürtellänge
1 Reißverschluß 20 cm (Opti-lon)
1 Gürtelschließe (Auffermann + Söhne)
1 Knopf
Nähseide (Gütermann)
1 Ösenbastelpackung (Prym)

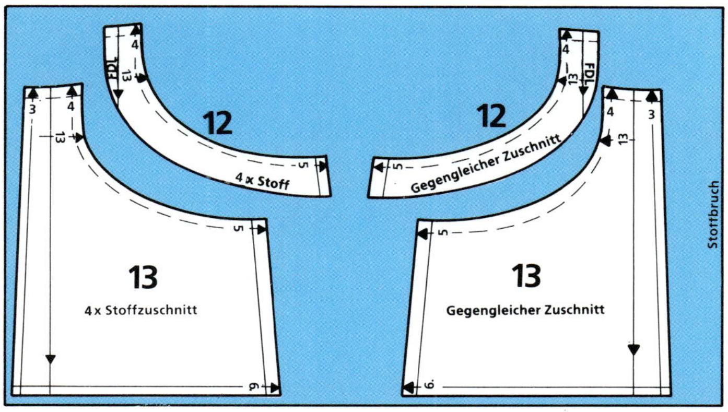

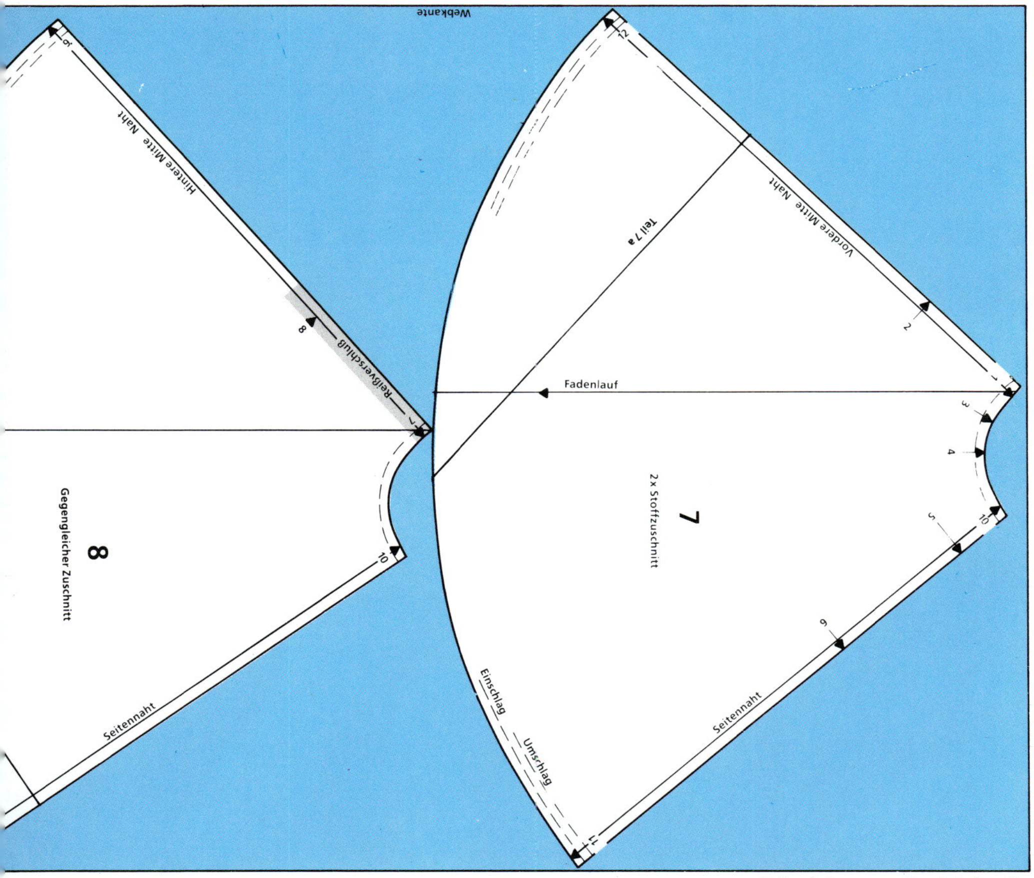

Schnittbogen 3 – Rückseite

Das erste Schnittlagebild zeigt die Auflage der Taschen bei einem Variationsmotiv und gilt für alle Größen. Die Stoffbreite beträgt 140 cm und wird in Bruch gelegt. Das zweite Schnittlagebild zeigt die Auflage des Rockes. Diesen Stoffcoupon in der gesamten Breite von 140 cm auflegen.

Tellerrock
7 + 7a Vorderrock
8 + 8a Hinterrock
9 Bund
10 Gürtelschlaufen
11 Gürtel
12 Taschenbeleg
13 Tasche

Nahtzugaben:
Vordere und hintere Mitte: 1,5 cm
Seitennähte: 1,5 cm
Saum: 2 x 1 cm
Alle anderen Nähte: 1 cm

Hinweis für den Zuschnitt:
Die Schnittauflage verschiebt sich etwas bei den Größen 42 + 44.

= Einlage

IN DEN GRÖSSEN 36-46

BILDHAFT SCHÖNES ROCKMODELL

etwas Besonderes

Stoffverbrauch

Gr. 36 = 2,60 m
Gr. 38 = 2,80 m
Gr. 40 = 2,90 m
Gr. 42 = 3,00 m
Gr. 44 = 3,10 m
Gr. 46 = 3,20 m

Diese Angaben beziehen sich auf eine Stoffbreite von 88/ 90 cm.

Zuschnitt

Legen Sie den Stoff in ganzer Breite auf Ihren Zuschneidetisch, so daß die linke Stoffseite oben liegt. Zeichnen Sie den Vorder- und den Hinterrock im Klappverfahren auf. Die Tasche und den Taschenbeutel gegengleich aufzeichnen und den Bundschnitt aufstecken. Die Schnitteile zuschneiden.

Achtung! Alle Schnitteile sind inklusive Nahtzugabe.

Die Paßpunkte und die Markierungslinien auf den Stoff übertragen.

Nähen

Die Schnittkanten von Seitennaht, Tasche und Taschenbeutel versäubern.

Tasche

Den Taschenbeutel rechts auf rechts an die Eingriffseite des Vorderteiles legen (Paßpunkte 4 + 2), abnähen, zur linken Stoffseite schlagen, kantig bügeln und den Eingriff füßchenbreit absteppen. Den verstürzten Eingriff mit der Beutelseite auf die rechte Stoffseite des Taschenteiles mit dem angeschnittenen Seitenteil legen (Paßpunkte 4 + 2), die Beutelkanten schließen, am Taillenring anstecken und an der Nahtzugabe der Seitennaht kurz annähen.

Vorder- und Hinterrock

Bei beiden Rockteilen die Falten von der rechten Stoffseite aus in Pfeilrichtung einlegen und entlang des Taillenringes festnähen. Beim Vorderteil nach der Faltenlegung den Taschenbeutel über die Falten legen und ebenfalls annähen. Vorder- und Hinterrock rechts auf rechts aufeinanderlegen (Paßpunkte 1, 2 + 3) und die Seitennähte schließen. An der linken Rockseite lassen Sie ab Taillenring bis zur Pfeilmarkierung die Naht offen.

Bordürendruck auf festem, leicht zu verarbeitendem Baumwollstoff mit Motiven, die Spaß machen. In harmonischer Farbzusammenstellung geben Hühnerhof und Ententeich den Eindruck von ländlicher Folklore. Die Pflege: waschen bis 60°; bügeln auf Stufe 2.

Rock:
Baumwollstoff oder Bordürendruck
Bundfix, 3 cm breit (Freudenberg)
Nähgarn (Gütermann)
1 Knopf oder 2 Rockbundverschlüsse
1 Reißverschluß, 18/20 cm lang (Opti-lon)

Hinweis:
Beginnen Sie beim 2maligen Vorsteppen an der Schnittkantenseite des Außenbundes.

Bügeln Sie die Nahtzugabe aus und die Zugabe für den Reißverschluß ein. Letzteren einseitig verdeckt einnähen. Achten Sie darauf, daß Sie dabei die Kanten nicht ausdehnen.

Bund

Den Bund auf der linken Stoffseite verstärken, und zwar so, wie Sie es in unserer 1. Step-Grafik sehen können. Teilen Sie Ihre Bundfixeinlage in der Mitte entlang der Perforierung ab. Steppen Sie mit einem großen Stich entlang der Breitseite beide Bundenden 2mal, an der linken Seite am Untertritt 1mal und auf Höhe der rechten Rockseitennaht ebenfalls 1mal durch. Lassen Sie am Anfang und Ende der Doppelsteppnaht etwas Faden stehen.
Die nicht verstärkte Bundlängsseite rechts auf rechts an den Taillenring des Rockes stecken und nähen. Beachten Sie dabei die Paßpunkte 1 der rechten und linken Seitennaht sowie den überstehenden Untertritt am Hinterrock. Den Bund an den Kräuselfäden auf fertige Bundbreite einziehen. Beide Bundenden jeweils der Länge nach rechts auf rechts legen, die verstärkte Bundkante 1 cm hochlegen und die Kanten der Bundenden zusammennähen. Das verstärkte Bundteil, den Innenbund, zur linken Rockseite schlagen, die Einschlagkante von der rechten Stoffseite aus im Nahtschatten zuerst feststekken, dann festnähen. Eventuell vor dem Nähen Aufhängerschlaufen in die Seitennaht einschieben. Den Bund entlang der abgetrennten Bundeinlage (fertige Bundbreite) kantig legen und knappkantig absteppen.

Fertigstellung

Das Knopfloch einarbeiten und den Knopf annähen oder zwei kleine Rockbundverschlüsse anbringen.
Der Saum braucht nicht versäubert zu werden, da er mit der Webkante des Stoffes abschließt. Diese Webkante 3 cm zur linken Stoffseite einschlagen und mit Saumstichen hochnähen.

Hier ist der Sommer schon in Sicht.

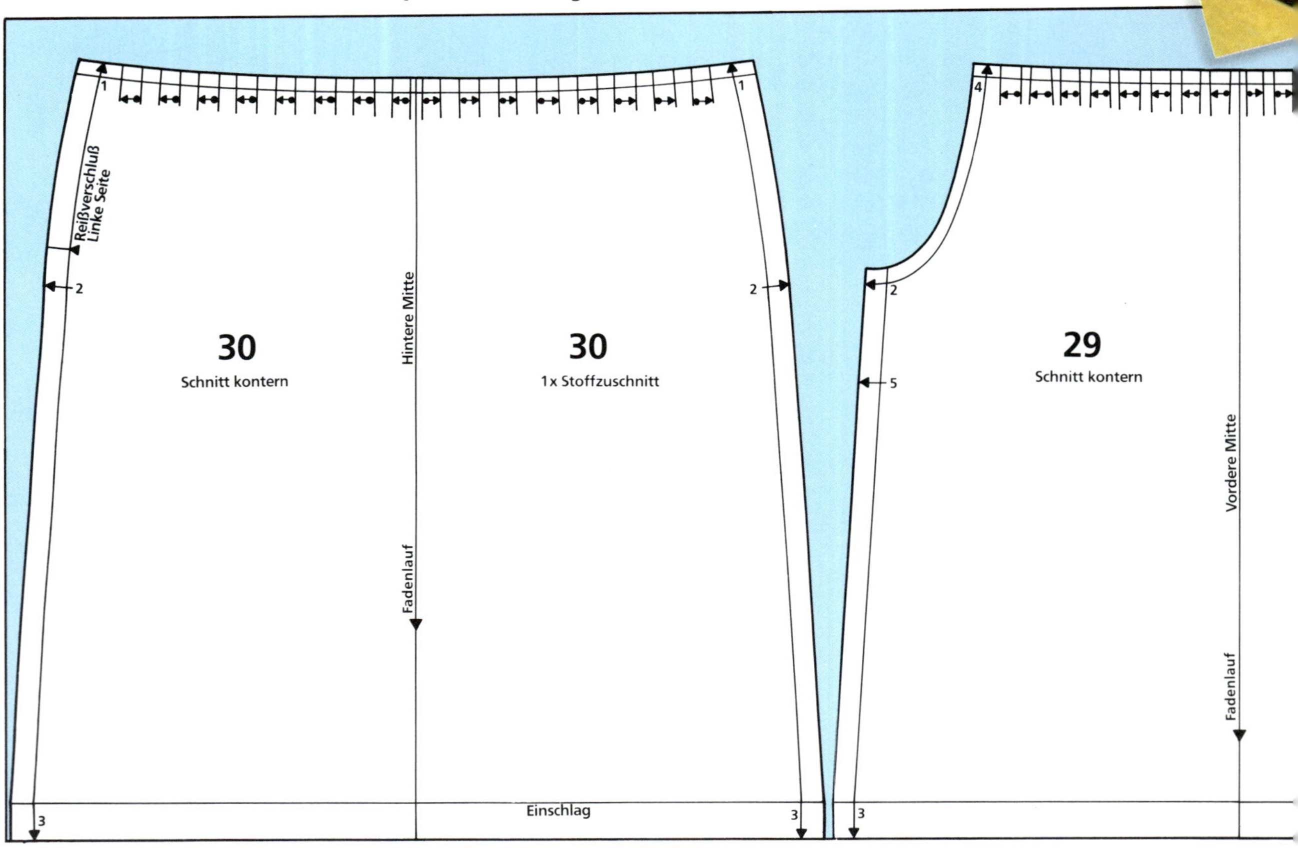

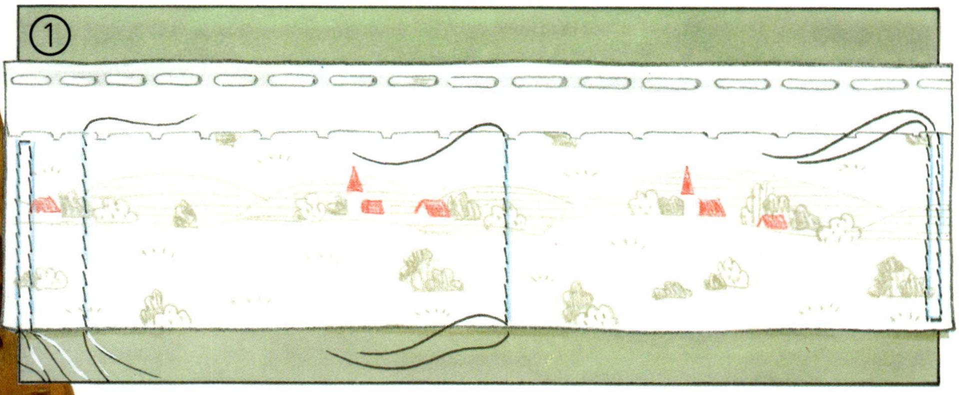

① Den Rockbund auf Bundbreite, d. h. mit einem halbierten perforierten Stanzband auf der linken Stoffseite, verstärken. Die Kante an beiden Bundenden des nicht verstärkten Stoffteiles 2mal vornähen. Den Untertritt exakt auf Höhe der linken Seitennaht noch 1mal sowie auf Höhe der rechten Seitennaht ebenfalls 1mal vornähen.

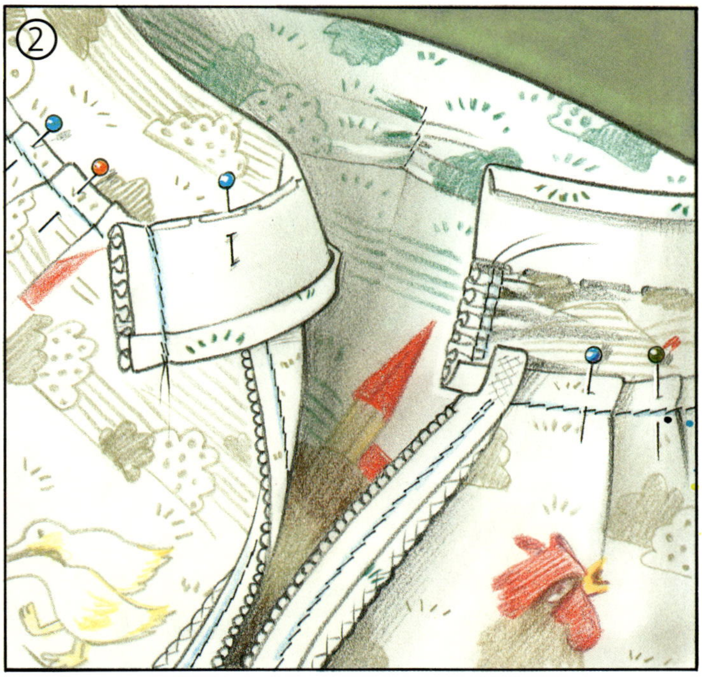

② Den Bund mit dem nicht verstärkten Stoffteil rechts auf rechts an den Taillenring des Rockes legen, schnittkantengleich aufstecken und annähen, dabei den Untertritt stehenlassen. Den Bund auf fertige Bundbreite einkräuseln, die Enden rechts auf rechts legen, die Nahtzugabe des Innenbundes zum Bund hin umschlagen, stecken und abnähen.

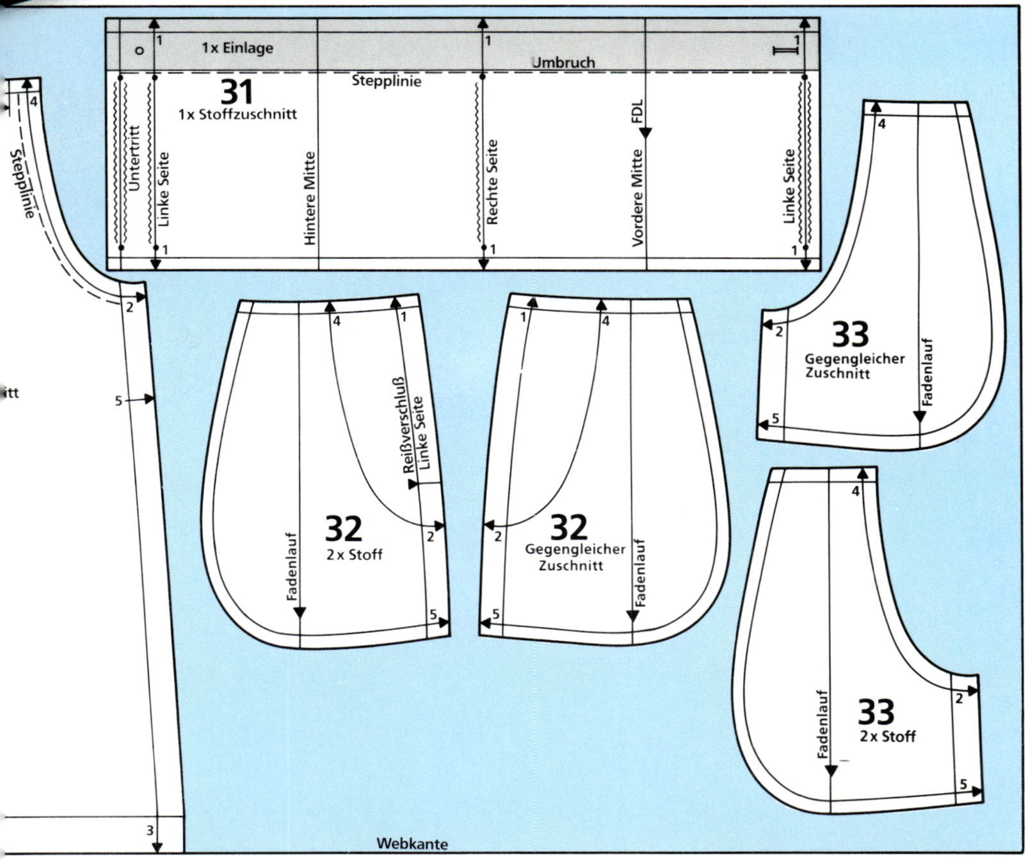

Schnittbogen 3 – Rückseite

Das Schnittlagebild gilt für die Größen 36 + 38 und zeigt eine Stoffbreite von 88/90 cm in ganzer Breite aufliegend.

Rock

29 Vorderrock
30 Hinterrock
31 Bund
32 Tasche
33 Taschenbeutel

Alle Nahtzugaben 1 cm bis auf
Seitennaht: 2 cm
Saum: 3 cm Einschlag

Hinweis für den Zuschnitt:
Die Schnittauflage verschiebt sich etwas bei den Größen 40-46. Außerdem werden die Schnitteile im Querfadenlauf aufgelegt.

▭ = Einlage

TASCHENVERARBEITUNG

Die Hüfttasche

Diese Taschenform hat einen Eingriff mit schrägem Fadenlauf. Ob bei geraden oder – wie unser Probestück zeigt – in Form geschnittenen Tascheneingriffen, die Kanten werden immer verstürzt. Die Hüfttasche besteht aus drei Teilen: dem Taschenbeutel, dem seitlichen Modellteil mit angeschnittenem Taschenbeutel und dem eigentlichen Modellteil.

1 Bei festem Stoffmaterial wird auf der linken Stoffseite des Modellteiles die Tascheneingriffkante mit einer aufbügelbaren Vlieseline verstärkt. Bei dünnem Stoffmaterial allerdings nur die Taschenbelegkante verstärken.
Die Taschenanstoßlinie des Seitenteiles mit angeschnittenem Taschenbeutel mit Heftstichen markieren.

2 Den Taschenbeutel mit der Eingriffkante rechts auf rechts schnittkantengleich auf die Eingriffkante des Modellteiles stecken und abnähen. Bei einem abgerundeten Tascheneingriff wie hier die Nahtzugaben etwas einzwicken.

3 Den Taschenbeutel auf die linke Stoffseite des Modellteiles legen, die verstürzte Naht kantig ausrichten, bügeln und knappkantig absteppen.
Achten Sie darauf, daß Sie die Naht beim Bügeln etwas zurückversetzt halten.

4 Den verstürzten Tascheneingriff an die Anstoßlinie des Seitenteiles mit angeschnittenem Taschenbeutel legen, stecken und aufheften. Alle Nähgutteile liegen dabei flach auf dem Tisch.

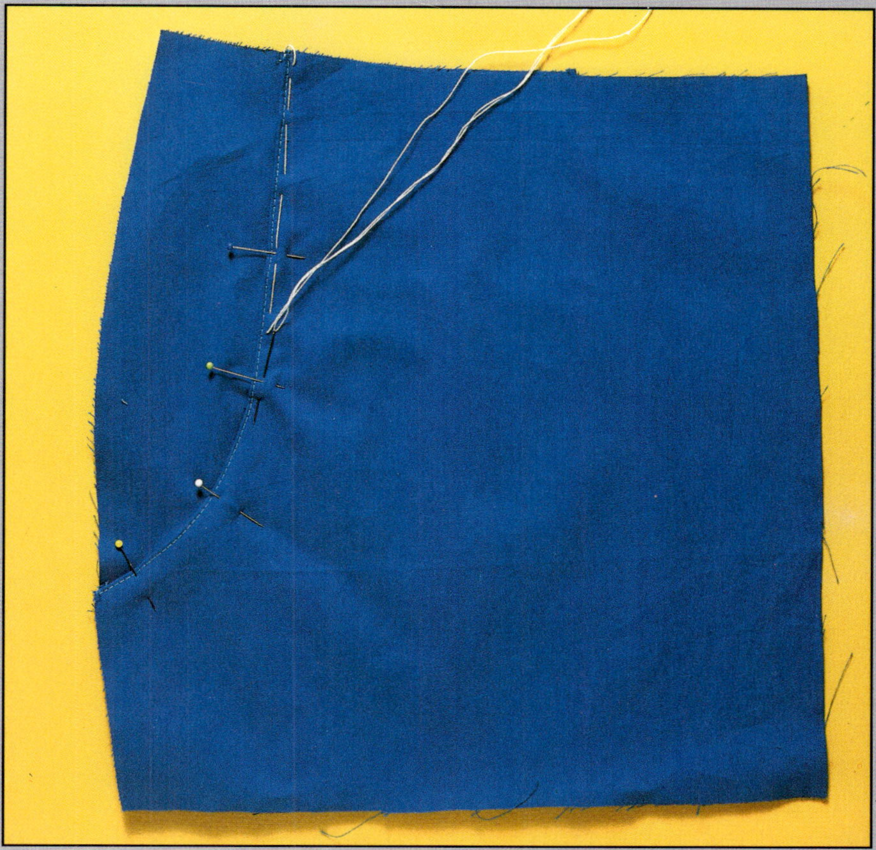

5 Den verstürzten Taschenbeutel des Seitenteiles zusammennähen und zusammen versäubern. Anschließend den nun geschlossenen Taschenbeutel schnittkantengleich an den Taillenring des Nähgutes nähen, und ebenso entlang der seitlichen Kante zur einfacheren Weiterverarbeitung, festnähen.

IN DEN GRÖSSEN 36-46

JACKENBLUSE – IDEALER KOMBIPARTNER

kopieren, zuschneiden, nähen

Die Stoffqualität – 100% Viskose – ist ein schweres Blusenmaterial mit seidig glänzenden Webstreifen. Es schmiegt sich dem Körper an und bekommt dadurch einen femininen Charakter.

Stoffverbrauch

Gr. 36–40 = 2,15 m
Gr. 42+44 = 2,25 m
Gr. 46 = 2,40 m
Diese Angaben beziehen sich auf eine Stoffbreite von 150 cm.

Zuschnitt

Achtung! Alle Schnittteile sind inklusive Nahtzugabe.
Legen Sie den Stoff im Bruch zusammen, so daß Webkante auf Webkante trifft. Die rechte Stoffseite befindet sich innen. Stecken Sie die Schnittteile laut Schnittlageplan auf, schneiden Sie anschließend die Teile aus und kennzeichnen Sie alle wichtigen Paßpunkte und Markierungslinien bzw. Hilfslinien. Beachten Sie die Einlage am Ärmelein- und umschlag wie auch am vorderen und hinteren Belegteil. Nachdem Sie diese ebenfalls zugeschnitten haben, bügeln Sie die Vlieseline auf die linke Stoffseite der betreffenden Zuschnitteile. Überzeugen Sie sich, ob Schnittvorlage und Zuschnitt identisch sind.

Näharbeit

Versäubern Sie nun alle Schnittkanten bis auf Ärmeleinschlag, Tascheneinschlag, Ausschnitt- und Verschlußkante am Vorderteil, Belegteil und die Bindebänder für die Ärmel.

Tasche

Den Tascheneingriff 1 cm einschlagen, 2,5 cm für den Gummieinzug umschlagen und zuerst die Umschlagkante knapp, anschließend die Einschlagkante – ebenfalls knapp – abstep-pen. Die vordere Taschenseite ab Paßpunkt 13 bis zur Eingriffkante 1 cm einbügeln. Den Gummi zuschneiden und mit Hilfe einer Sicherheitsnadel einziehen. Die Enden auf den Schnittkanten der Tasche festnähen.

Gummimaße:
Gr. 36–40 = 2 x 21 cm
Gr. 42+44 = 2 x 22 cm
Gr. 46 = 2 x 23 cm

Jetzt die Tasche auf das Vorderteil legen (Paßpunkte 13, 6+14), stecken und die eingebügelte vordere Taschenkante aufsteppen. Die restlichen zwei Seiten – Saum und Seitennaht – aufstecken.

Vorderteil

Die Falten am Vorderteil in Pfeilrichtung legen, stecken und entlang der Nahtlinie (ca. 2 mm davor) festnähen. Das Passenteil rechts auf rechts kantengleich auf das Vorderteil legen (Paßpunkte 3+9), stecken, zusammennähen und die Nahtzugabe zuerst leicht auseinander-,

Jackenbluse:

Blusenstoff, schwere Qualität
Vlieseline, H 200, weiß (Freudenberg)
Nähgarn, Seralon S (Amann)
4 Knöpfe
Gummi, 2 cm breit (Goldzack)
1 Paar Schulterpolster

Schnittbogen 2 – Rückseite

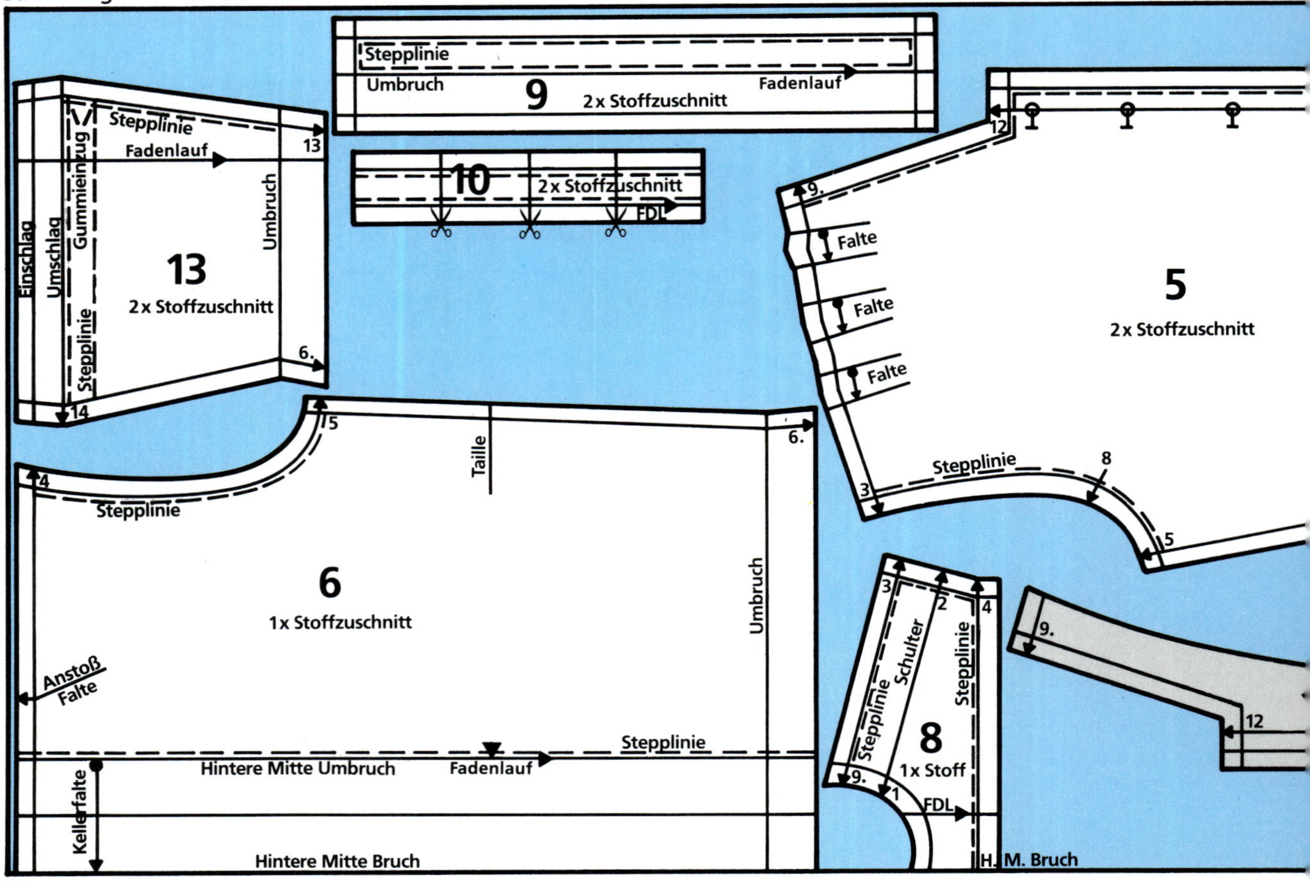

① *Das rückwärtige Jackenteil rechts auf rechts in Bruch legen, stecken und entlang der Faltenlinie von der Saumkante bis zum Paßzeichen abnähen und verriegeln. Anschließend mit großen Stichen bis zur Passenansetzkante weiternähen.*

② *Die Falte auf Kopf bügeln, d. h. das Rückteil auseinander- und hintere Mitte Bruch auf hintere Mitte legen. Die großen Stiche der oberen Jackenhälfte auftrennen und den Faltenbruch knappkantig absteppen. Anschließend die untere Jackenhälfte entlang der geschlossenen Naht beidseitig ebenfalls knapp durchsteppen.*

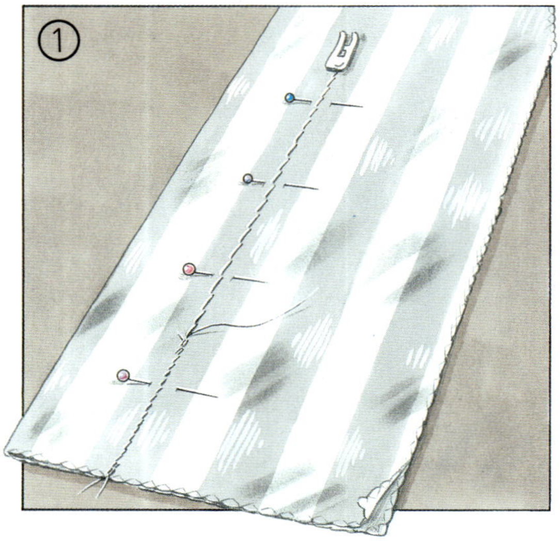

dann zur Passe hin bügeln. Anschließend knappkantig von rechts auf der Passe absteppen.

Rückteil

Hier beginnen Sie zuerst mit der Verarbeitung der Kellerfalte in der hinteren Mitte. Lassen Sie den Zuschnitt rechts auf rechts im Bruch liegen; die hintere Mitte/Umbruchlinie haben Sie bereits gekennzeichnet. Nähen Sie von der oberen Schnittkante bis zum Paßzeichen (Pfeilspitze) mit einer großen Stichlängeneinstellung diese Strecke ab, vernähen Sie kurz auf Pfeilhöhe (im Schnitt angegeben), und nähen Sie dann mit normaler, mittlerer Stichlänge weiter bis zur Schnittkante des Saumes (Step-Grafik 1). Jetzt bügeln Sie die Kellerfalte auf Kopf, so daß hintere Mitte Stoffbruch auf hintere Mitte Umbruch trifft. Nachdem Sie die Faltenbrüche kräftig eingebügelt haben, heften Sie diese – ebenfalls von der linken Seite – fest. Trennen Sie dann die obere, mit der Maschine genähte Strecke wieder vorsichtig auf. Steppen Sie nun die offenen Faltenbrüche auf der rechten Stoffseite knappkantig bis zum Paßzeichen ab. Nähen Sie danach die untere Strecke, rechts und links von der Naht, knappkantig ab (Step-Grafik 2). Das Rückteil anschließend, mit der rechten Stoffseite obe glatt auf den Tisch legen.
Das Passenteil, das bereits a Vorderteil angenäht ist, rech auf rechts auf das Rückteil gen (Paßpunkt 4 + hintere M te), stecken und zusammenn hen. Die Seitennähte von V der- und Rückteil schließe (Paßpunkte 5+6). Die Tasc wird dabei mitgenäht.

Beleg

Hinteren und vorderen Beleg b Paßpunkt 9 rechts auf rechts gen und zusammennähen. D Naht auseinanderbügeln u das gesamte Belegteil rech auf rechts an Vorder- und Rüc

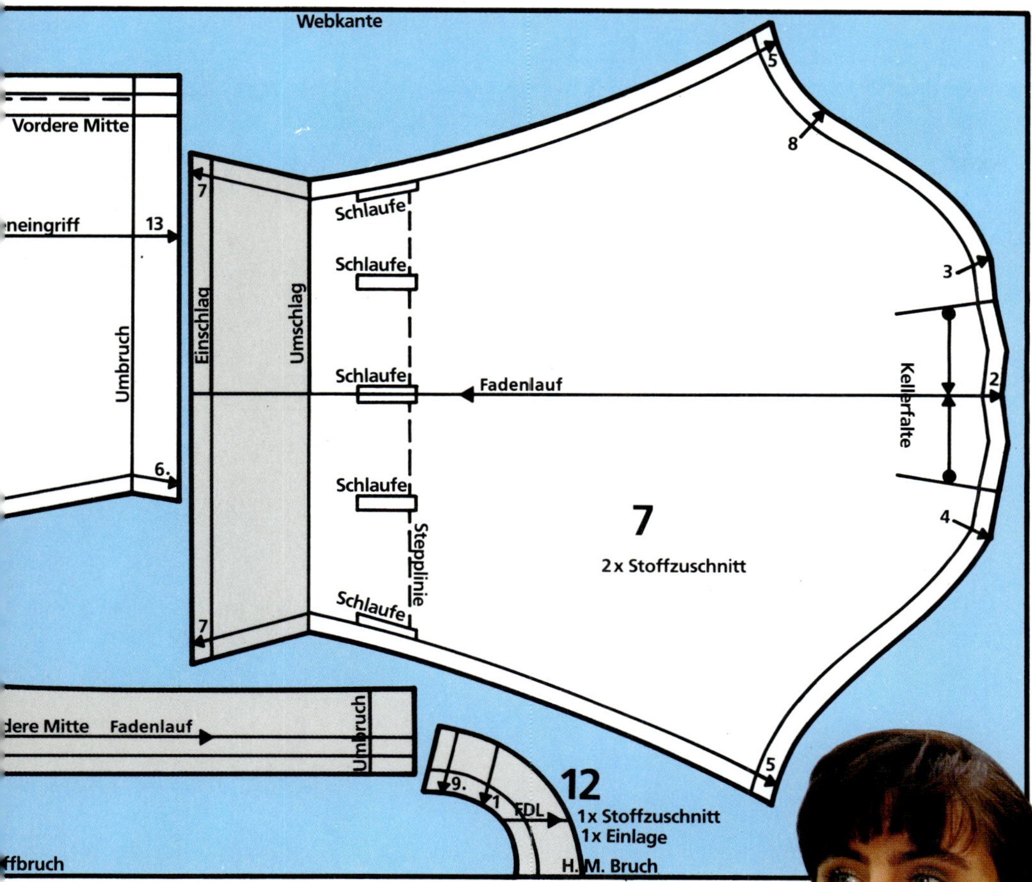

Das Schnittlagebild gilt für die Größen 36-40. Die Stoffbreite beträgt 150 cm auf Bruch liegend.

Jackenbluse

5 Vorderteil
6 Rückteil
7 Ärmel
8 Schulterpasse
9 Bindeband-Ärmel
10 Ärmelschlaufen
11 Vorderer Beleg
12 Hinterer Beleg
13 Tasche

Alle Nahtzugaben 1,0 cm.
Jackensaum: 3 cm
Ärmelsaum:
1 cm Einschlag
9 cm Umschlag

Hinweis für den Zuschnitt:
Die Schnittauflage verschiebt sich etwas bei den Größen 42-46.

= Einlage

stecken (Paßpunkte 12, 9, 1
hintere Mitte), ebenfalls an
vorderen Kante bis zum
um stecken, anschließend
nähen. In die Ausschnittek-
n und Rundungen einschnei-
n, den Beleg zur linken Seite
rzen und die Naht kantig bü-
n.

Ärmel

Kellerfalte an der Armkugel
Pfeilrichtung zusammenle-
n und 2 mm vor der Nahtlinie
tnähen. Den Ärmeleinschlag
d -umschlag vorbügeln und
eder öffnen. Die Ärmelnaht
ließen (Paßpunkte 5+7), den
- und Umschlag wieder
chbügeln und die Einschlag-
nte knapp von der linken Sei-
aufnähen. Beide Längsseiten
s Schlaufenbandes 1 cm ein-
geln, die Kanten knapp ab-
ppen, vierteln und laut
nittmarkierungslinien auf
n Ärmel stecken, dabei jede
malseite 1 cm einschlagen
d anschließend knappkantig
nähen. Die Schlaufen kön-
n auch mit Handstichen fest-
näht werden.
n fertigen Ärmel jetzt rechts
f rechts in den Armausschnitt
n Vorder- und Rückteil stek-
n und einnähen (Paßpunkte
3, 3+4). Die Nahtzugabe zum
rder- und Rückteil hin legen

und von rechts knappkantig feststeppen.
Die Bindebänder verstürzen. Lassen Sie für diesen Arbeitsgang auf halber Strecke ein Stück Naht auf. Steppen Sie nach dem Wenden die gebügelten Kanten ringsum knapp ab, und ziehen Sie diese durch die Ärmelschlaufen. Je nach Gefühl und modischem Geschmack binden.

Hinweis:
Der Ärmel läßt sich leichter einnähen, wenn Sie die Armkugel einmal abnähen und etwas einhalten.

Fertigstellung

Den Blusensaum inklusive dem Belegsaum 3 cm hochbügeln und mit Handstichen befestigen. Den Beleg wieder zum Vorderteil legen und die Saumkanten mit Staffierstichen zusammennähen. Die Knopflöcher einzeichnen, einnähen und die Knöpfe annähen. Zum Schluß die Schulterpolster je nach Material überziehen, an der Schulternaht feststecken, den Sitz überprüfen und festnähen.

Locker in den Winter

IN DEN GRÖSSEN 40-50

WICKELROCK BIS GR. 50

superschnell genäht

Für die beginnende Wintersaison ›ine Harmonie an Farben mit vielen ›mbinationsmöglichkeiten.

Stoffverbrauch

Gr. 40–50 = 1,80 m
Diese Angabe bezieht sich auf eine Stoffbreite von 140 cm.

Zuschnitt

Legen Sie den Stoff auf Bruch. Wichtig bei Cordstoffen ist die Schnittauflage in Strichrichtung. Der Flor des Stoffes soll sich von der Taille zum Saum hin neigen. Die Schnitteile auflegen, feststecken und zuschneiden.

Achtung! Alle Schnitteile sind inklusive Nahtzugaben.

Alle Markierungslinien und Paßpunkte übertragen.

Näharbeit

Den hinteren Abnäher legen, nähen (Paßpunkt 7) und zur hinteren Mitte hin bügeln. Die vorderen Rockteile rechts auf rechts auf die hintere Rockhälfte legen, die Seitennähte schließen (Paßpunkte 5+6) und die Nahtzugaben auseinanderbügeln. Die Falten am Vorderteil in Pfeilrichtung legen und entlang der Taillenkante festnähen (Paßpunkte 2 auf 2 und 3 auf 3).
Den Saum hochbügeln und mit Handstichen befestigen. Die vordere Kante 1 cm ein- und 4 cm umschlagen. Mit Handstichen (Staffierstichen) die Einschlagkante annähen.

Bund

Den Bundzuschnitt auf der linken Stoffseite mit einem Bundfix-Stanzband verstärken. Laut den Paßpunkten 1, 4, 5 und hintere Mitte rechts auf rechts an den Taillenring des Rockes stekken und entlang der Perforierung (1 cm von der Kante) den Bund annähen. Der Länge nach rechts auf rechts in Bruch legen – dabei dient die mittlere Perforierung als Hilfslinie. Die Nahtzugaben der Längsseiten zum Bund hin hochschlagen und die vordere Kante 1 cm abnähen. Die Ecken am Bundumbruch leicht abschrägen und das gesamte Teil auf die rechte Seite wenden. Die Ecken und die vordere Kante ausrichten. Bundanfang und -ende müssen mit der vorderen Kante identisch sein. Den Innenbund wieder mit Hilfe der Perforierung 1 cm einschlagen, von rechts feststekken und ebenfalls von rechts im Nahtschatten durchnähen. Wenn Sie Aufhänger mit einnähen wollen, schieben Sie diese vor dem Durchsteppen – auf Höhe der Seitennaht – in den Bund.
Das Knopfloch auf der rechten Bundseite des obenliegenden Rockvorderteiles anzeichnen und einarbeiten. Den Rock in der Wickelform übereinanderlegen, so daß vordere Mitte auf vordere Mitte (Paßpunkt 1) trifft, und die Knopflage festhalten. Ebenso die Lage der Drücker markieren. Anschließend Knopf und Drücker festnähen und zum Schluß die Taillenweite überprüfen.

Wickelrock:
Cordstoff
Bundfix, 3 cm breit (Freudenberg)
Nähgarn (Gütermann)
2 Knöpfe
Drücker (Prym)

Hinweis:
Verwenden Sie den Zuschnittrest für eine Tasche oder einen Taschenbeutel.

›as Schnittlagebild ›ilt für alle Größen ›d zeigt eine Stoff›ite von 140 cm auf Bruch gelegt.

Wickelrock

25 Vorderrock
26 Hinterrock
27 Bund

›htzugaben: 1,0 cm
Saum: 3 cm
Vordere Kante:
1 cm Einschlag
4 cm Umschlag
Seitennaht: 2 cm

Hinweis für den Zuschnitt:
›ie Schnitteile alle in einer Richtung, der ›chrichtung auflegen.

= Einlage

Sondertabelle Körpermaße

›ße	*48*	*50*
›tumfang	*110*	*116*
›enumfang	*92*	*98*
›tumfang	*114*	*119,5*

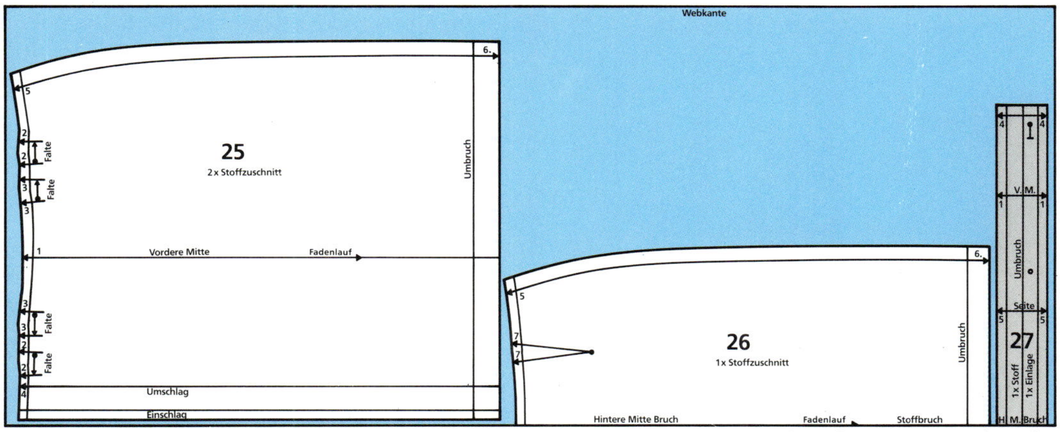

Schnittbogen 1 – Vorderseite

IN DEN GRÖSSEN 36-46

RUND UM DIE UHR ZU TRAGEN

in 4 Stunden genäht

Stoffverbrauch

Gr. 36 – 40	= 135 cm
Gr. 42	= 140 cm
Gr. 44	= 185 cm
Gr. 46	= 215 cm

Diese Angaben beziehen sich auf eine Stoffbreite von 140 cm.

Zuschnitt

Stoff rechts auf rechts in Bruch legen. Alle Schnitteile aufstekken und die Bluse zuschneiden. **Achtung! Alle Schnitteile inclusive Nahtzugabe.** Alle Paßpunkte und Markierungen vom Schnitt auf den Oberstoff übertragen. Auch den Streifen für die Schlinge am Halsloch 2,5 cm breit und 10 cm lang im schrägen Fadenlauf sowie die erforderliche Einlage zuschneiden und auf die linke Stoffseite aufbügeln.

Näharbeit

Alle Schnittkanten versäubern und vordere Mitte zusammennähen. 16 cm für den Schlitz offen lassen und die Nahtzugabe bis zur Schlitzöffnung ausbügeln. Die Schulternähte zusammennähen (Paßpunkte 1 + 2). Vordere Belegteile und hinteren Beleg ebenfalls an der Schulter zusammennähen (Paßpunkt 2) und die Nahtzugaben auseinanderbügeln.

Schlingenverschluß

Streifen für Schlinge an beiden Seiten 6 mm einschlagen, bügeln und zusammensteppen. Schlinge je nach Knopfgröße auf Länge schneiden und an der rechten vorderen Mitte laut Markierung annähen.

Dieser Stoff ist ein Jacquard-Gewebe mit idealen Fall- und Trageigenschaften. Es gibt ihn in vielen Farbtönen, wobei die Farbe dem Design nicht die Schau stiehlt. Das Material aus 53% Baumwolle und 47% Viscose ist pflegeleicht: Waschen mit 40°, Bügeln auf Stufe 2, Allgemein chemische Reinigung.

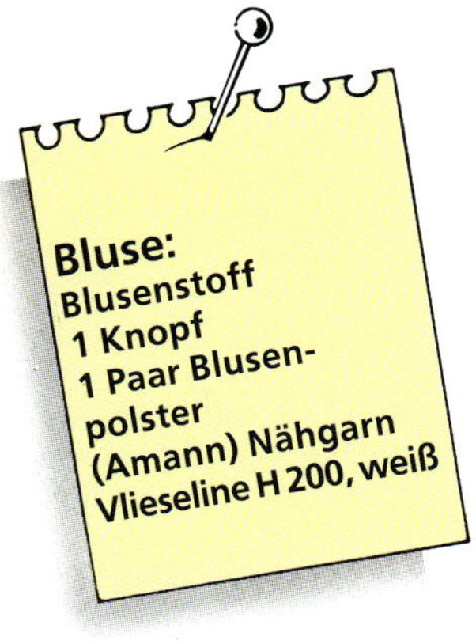

Schlitz

Nun den Halsausschnitt verstürzen: Zusammengenähte Belegteile rechts auf rechts auf Halsloch und Schlitz legen, dabei Paßpunkt 2 beachten. Zusammennähen, die Rundung an Vorder- und Rückteil einschneiden und die Ecke am Schlitzanfang abschrägen. Beleg wenden und nach innen bügeln. Das Halsloch und den Schlitz 8 mm absteppen. Beachten Sie dabei, daß die verstürzte Naht etwas zurückversetzt ist. Den Beleg an der Schulternaht mit einem Kreuzstich befestigen. Die vordere Belegmitte unterhalb des Schlitzes mit Staffierstichen zusammennähen.

Ärmel

Der Ärmel wird in offenem Zustand auf Vorder- und Rückteil laut Paßpunkte 1, 3 + 4 aufgesteckt und eingenäht. Dabei am Nähanfang und -ende der Ärmelschnittkante 1 cm stehen lassen. Vom Ärmelsaum wieder bis 1 cm vor Ende der Schnittkante die Ärmelnaht schließen.

Seitennaht

Vom Saum aus bis Achselhöhle 1 cm vor Schnittkantenende die Seitennaht schließen.

Säume

Ärmel- und Blusensaum je 2 x 1 cm umbügeln, feststecken und von links aufsteppen.

Fertigstellung

Schulterpolster feststecken, Lage überprüfen und mit Handstichen befestigen. Knopf auf linkes Vorderteil annähen.

Die nachfolgenden Step-Grafiken zeigen, wie Sie nähen müssen, um alle Nahtzugaben fachmännisch auseinanderbügeln zu können. Dabei achten Sie ganz besonders auf die Paßpunkte, bei denen alle Nähte enden.

① Den Ärmel offen an Vorder- und Rückteil aufnähen. Die Naht beginnt 1 cm hinter der Schnittkante und endet 1 cm vor der Schnittkante.

② Die Ärmelnaht vom Ärmelsaum aus bis 1 cm vor Schnittkantenende und die Seitennaht ebenfalls vom Saum aus bis 1 cm vor Schnittkantenende schließen. Die Nähte enden direkt bei den Paßpunkten 3 bzw. 4.

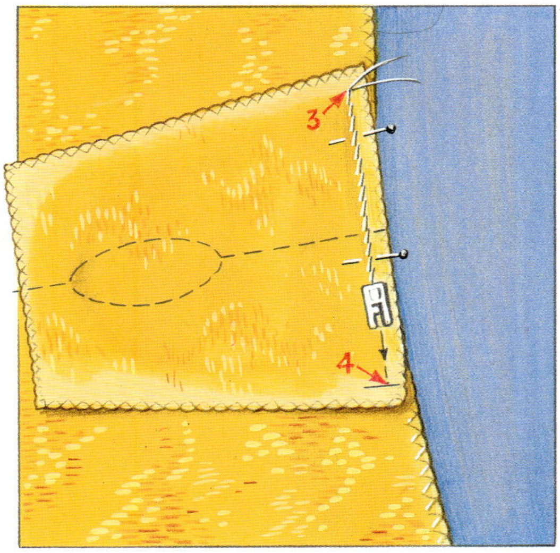

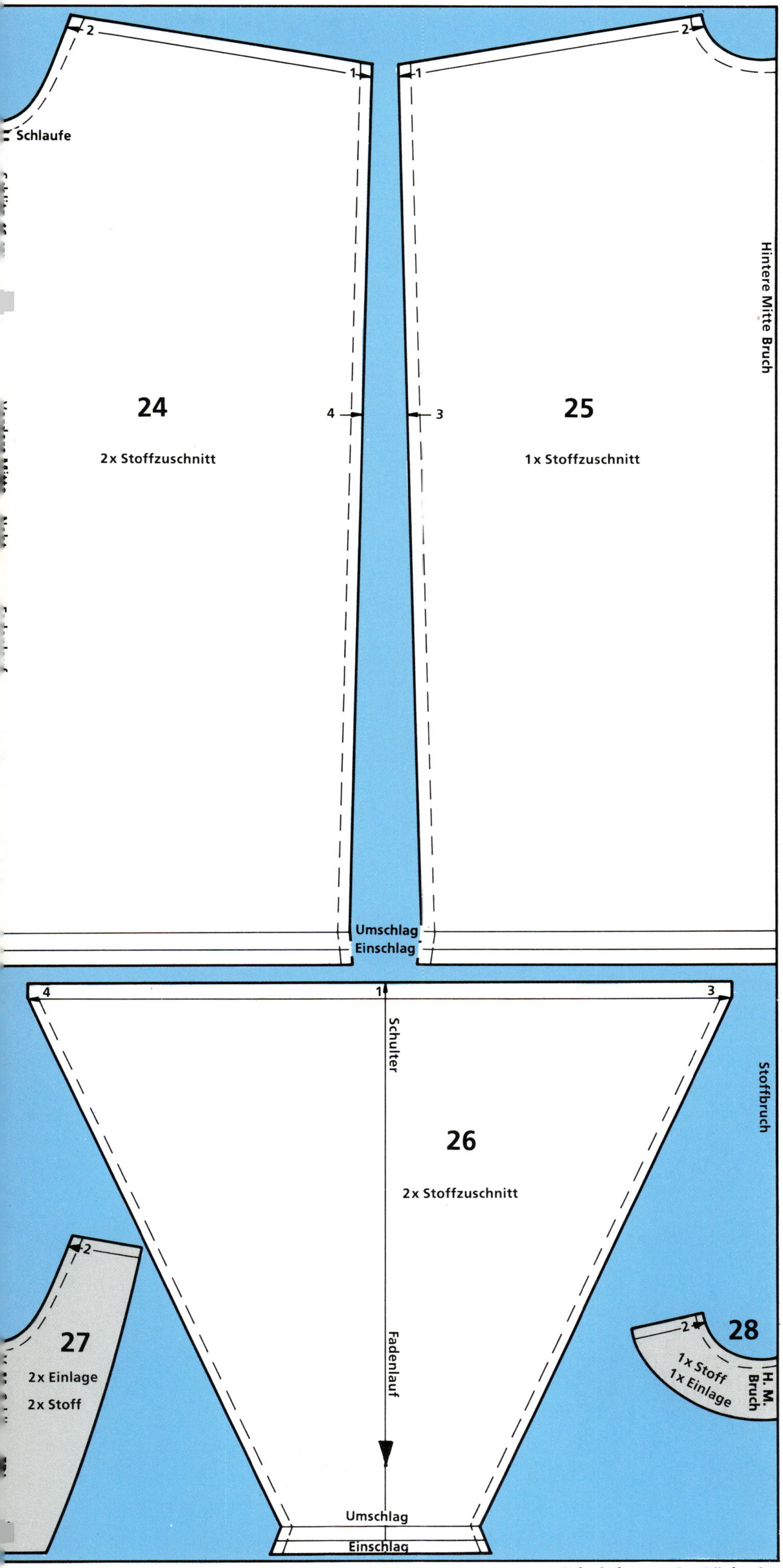

Schnittbogen 3 – Rückseite

Das Schnittlagebild gilt für die Gr. 38 und zeigt eine Stoffbreite von 140 cm.

Bluse
24 Vorderteil
25 Rückteil
26 Ärmel
27 Vorderer Beleg
28 Hinterer Beleg

Alle Nahtzugaben 1,0 cm
Saum:
1,0 cm Einschlag
1,0 cm Umschlag
Ärmelsaum:
1,0 cm Einschlag
1,0 cm Umschlag

Hinweis für den Zuschnitt:
Die Schnittauflage verschiebt sich ab Gr. 42.

▭ = *Einlage*

IN DEN GRÖSSEN 36-46

BLACK-DENIM – EIN STARKER STOFF

leicht zu nähen!

Daß Jeans-Stoff schon längst salonfähig geworden ist, beweist dieser bildschöne Rock aus Black-Denim.

Rock:
Black-Denim
Vlieseline H 200
10 Nieten (Grube)
1x Bundfix-Bügeleinlage
1 Knopf
1 Reißverschluß 20 cm (Opti-lon)
(Amann) Nähgarn

Stoffverbrauch

Gr. 36-46 – 135 cm
Diese Angabe bezieht sich auf eine Stoffbreite von 150 cm.

Zuschnitt

Stoff in Bruch legen. Vor dem Zuschneiden alle Teile aufstekken. Denken Sie daran, daß unseren Schnitteilen die Nahtzugabe bereits zugegeben ist. Nachdem Sie alle Markierungspunkte auf den Oberstoff übertragen haben, schneiden Sie die nötige Einlage zu. Für den Bund verwenden Sie eine perforierte Einlage (Bundfix).

Näharbeit

Alle Teile werden einzeln versäubert. Die Einlage bügeln Sie auf die linke Stoffseite des Tascheneingriffes und auf die linke Seite des Schlitzes, die perforierte Einlage bügeln Sie auf den Bund.
Steppen Sie die rückwärtige Naht, schließen Sie dabei auch den Reißverschlußschlitz und den Rockschlitz zunächst mit Maschinenheftstichen (größte Stichlänge einstellen). Die Nahtzugaben werden auseinandergebügelt.
Arbeiten Sie nun die rückwärtigen Abnäher und bügeln Sie sie zur hinteren Mitte.
Jetzt wird der Heftstich am Reißverschlußschlitz aufgetrennt und ein Reißverschluß, einseitig verdeckt, eingenäht.

Tascheneingriff

Der Taschenbeutel wird rechts auf rechts an den Tascheneingriff des vorderen Seitenteiles gesteckt. Steppen Sie die Naht und bügeln Sie die Nahtzugaben auseinander (Grafik Step 1). Anschließend schlagen Sie den Taschenbeutel nach innen und steppen die gebügelte Kante mit Knopflochseide ab. Beachten Sie dazu unseren Praxistip. Das so vorbereitete vordere Seitenteil wird links auf rechts auf das Seitenteil mit angeschnittenem Taschenbeutel gesteckt. Die abgesteppte Kante muß mit der Tascheneingrifflinie übereinstimmen. Heften oder stecken Sie beide Teile entlang der Tascheneingrifflinie zusammen. Jetzt werden die Taschenbeutel, wie die Grafik Step 2 zeigt, zusammengenäht. Nachdem Sie das zweite Teil gegengleich gearbeitet haben, stecken Sie die fertigen Seitenteile zeichengemäß an das vordere Mittelteil. Die Nahtzugaben werden zur vorderen Mitte gelegt. Von rechts steppt man die Nähte mit Knopflochseide knappkantig ab.

Die Seitennähte (Paßpunkte 1, 2, 3) schließen und die Nahtzugaben auseinanderbügeln.

Schlitz

Nachdem Sie den Rockschlitz geöffnet haben, bügeln Sie den Saum nach oben. Die Nahtzugabe am Schlitz wird über den Saum umgeschlagen und gebügelt. Mit Knopflochseide wird der Schlitz von rechts knappkantig abgesteppt.
Der Saum und die Nahtzugaben des Schlitzes werden mit der Hand anstaffiert.

Bund

Stecken Sie den Bund rechts auf rechts an den Rock und steppen Sie ihn entlang der Perforierung auf. Die Bundenden (lassen Sie einen Untertritt stehen) werden nahtbreit abgesteppt, der Bund wird anschließend verstürzt. Schlagen Sie die untere Nahtzugabe ein und stecken Sie sie am Bund fest.
Zuletzt wird der Bund von rechts mit Knopflochseide knappkantig abgesteppt.
In den Obertritt nähen Sie ein Knopfloch, auf den Untertritt einen Knopf.
Am Tascheneingriff arbeiten Sie laut Anleitung auf der Verpackung die Nieten ein.

Praxistip

Knopflochseide ist dicker als normales Nähgarn, verwenden Sie daher eine stärkere Maschinennadel (90 bis 100).
Prüfen Sie vor dem Absteppen die Fadenspannung, so daß Sie eine gleichmäßige Stepplinie bekommen.

① *Die Einlage wird auf die linke Stoffseite des Tascheneingriffes gebügelt. Den Taschenbeutel rechts auf rechts an den Tascheneingriff des vorderen Seitenteiles steppen und die Nahtzugaben auseinanderbügeln.*

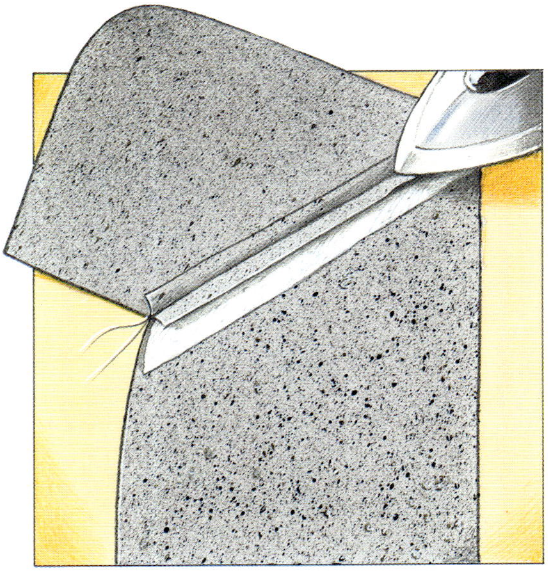

② *Verstürzten Tascheneingriff auf dem Seitenteil mit angeschnittenem Taschenbeutel feststekken. Das vordere Seitenteil nach oben legen und die beiden Taschenbeutel zusammensteppen.*

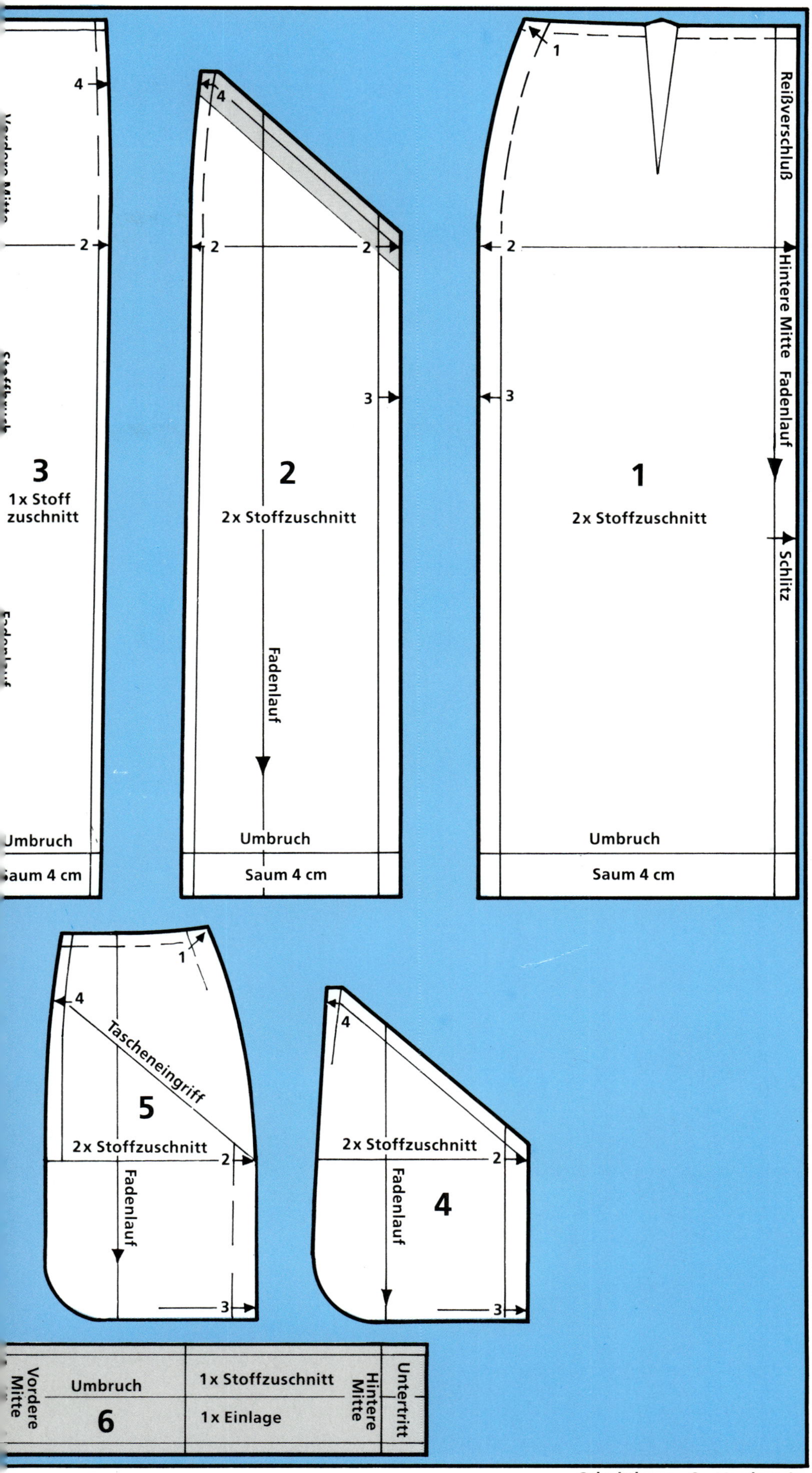

Schnittbogen 3 – Vorderseite

Das Schnittlagebild gilt für Gr. 38 und zeigt eine Stoffbreite von 150 cm.

Rock:
Länge 76 cm

Schnittübersicht
1 Rückteil
2 Seitliches Vorderteil
3 Vorderes Mittelteil
4 Taschenbeutel
5 Seitenteil mit angeschnittenem Taschenbeutel
6 Bund

Nahtzugaben
Seitennaht: 2,0 cm
Hintere Mitte: 2,0 cm
Übrige Zugaben: 1,0 cm
Saum:
4,0 cm Einschlag

= Einlage

VERSCHLÜSSE

Der Rock- und Hosenbundverschluß

Wer kein Knopfloch haben möchte, kann den Bund auch mit einem Haken und einem Steg verschließen. Sie erhalten dieses Zubehör im Fachhandel und in den Kurzwarenabteilungen der Kaufhäuser in verschiedenen Breiten.
Der Haken wird an die Unterseite des Obertrittes genäht und der Steg auf die Oberseite des Untertrittes.

Der Hosenbundverschluß

Verwendung finden diese Verschlüsse hauptsächlich bei Herrenhosen. Auch hier den Haken an die Unterseite des Obertrittes nähen und die Stegschiene auf die Oberseite des Untertrittes. Achten Sie darauf, daß die Schiene nach dem Schließen des Bundes nicht zu sehen ist, d. h. vom Bund ganz abgedeckt ist.

Der Haken- und Ösenverschluß

Als zusätzliche Sicherung zum Reißverschluß kann an einem Kleid oder an einem Rock ohne Bund der Haken- und Ösenverschluß verwendet werden. Die Hakenspitze und die Ringkante der Öse schließen exakt mit den aneinanderstoßenden Verschlußkanten ab.

VERSCHLÜSSE

Der nähfreie Druckknopfverschluß

Eine kinderfreundliche Verschlußart, auch bestens geeignet für Hobby und Freizeit, da Sie diese nähfreien Druckknöpfe an vielen Materialien einstanzen können. Sie finden diese Druckknöpfe abgepackt in jeder Kurzwarenabteilung der Kaufhäuser und im Fachhandel.

Der Klettbandverschluß

Auch dieser Verschluß ist kinderfreundlich. Er wird sehr gerne bei Babykleidung und Ausstattung angewendet.
Das Klettband besteht aus zwei Webstreifen, wovon der eine – durch seinen hakenförmigen Flor – rauh, der andere weich – eher flauschig – ist. Treffen beide Streifen aufeinander, so krallt sich die rauhe Seite in den Flor der weichen Seite. Klettbänder gibt es in Meterware im Handel bzw. auch in Fertigpackungen. Wenn das Band zu breit ist – einfach abschneiden. Es franst nicht aus und läßt sich leicht aufnähen.

IN DEN GRÖSSEN 36-46

TULPENROCK

leger und leicht

um-
ollstoffe mit
ster Webstruktur
ind leicht zu verarbei-
ten. Kein Verrutschen
beim Zuschnitt und
kein Verziehen wäh-
rend des Nähens.
e Pflege: waschen bis
50° und auf Stufe 2-3
bügeln.

lpenrock:
umwollstoff
arstadt)
eißverschluß,
0 cm (Opti-lon)
undfixeinlage
Freudenberg)
Nähgarn
(Gütermann)

Stoffverbrauch

Gr. 36 – 40 = 1,80 m
Gr. 42 – 46 = 2,00 m
Diese Angaben beziehen sich auf eine Stoffbreite von 160 cm.

Zuschnitt

Achtung! Alle Schnitteile inklusive Nahtzugabe.

Legen Sie Ihren Stoff offen auf, so daß die rechte Seite unten liegt. Stecken Sie alle Schnitteile laut unserem Schnittlageplan auf, beachten Sie dabei, daß die vordere und hintere Rockglocke im Klappverfahren zugeschnitten wird, und schneiden Sie anschließend den Rock zu. Übertragen Sie alle Paßpunkte und Markierungen auf den Oberstoff.

Näharbeit

Vor Nähbeginn alle Seitennahtschnittkanten versäubern. Die hinteren und vorderen Abnäher legen (Paßpunkte 6 + 7), abnähen und zur Seitennaht bügeln. Legen Sie die hinteren Rockhälften rechts auf rechts aufeinander, schließen Sie die hintere Mitte bis zum Reißverschlußzeichen, und bügeln Sie die Nahtzugabe aus sowie den Reißverschlußeinschlag um. Den Reißverschluß selbst verdeckt einstecken, einheften und rundum 5 mm breit einsteppen. Nun legen Sie Vorderteil und Rückteil rechts auf rechts aufeinander, schließen Sie die Seitennähte (Paßpunkte 1 + 3), und bügeln Sie die Nahtzugaben zuerst auseinander, dann zum Vorderrock hin. Danach steppen Sie auf der rechten Stoffseite des Vorderteiles die Nahtzugabe im Doppelstepp fest. Den Bund fertigen. Beachten Sie dabei die vordere Mitte und die Paßpunkte 4 + 1. Den Zuschnitt der Glockenteile legen Sie rechts auf rechts aufeinander, schließen deren Seitennaht (Paßpunkte 2 + 3) und bügeln die Nahtzugabe auch hier zuerst auseinander, dann nach vorne und steppen, wie am Vorderrock bereits beschrieben, die Nahtzugabe im Doppelstepp fest. Das Glockenteil legen Sie rechts auf rechts auf das Rockteil, achten darauf, daß die Seitennähte genau aufeinanderstoßen (Paßpunkt 3), stecken und nähen anschließend die Glocke an das Rockteil. Versäubern Sie die Nahtzugabe, und bügeln Sie sie zum Rockteil. Danach steppen Sie von der rechten Seite die Naht knappkantig und dann 8 mm breit ab. Zum Schluß bügeln Sie den Saum 1 cm ein und 1 cm um. Steppen Sie anschließend die Einschlagkante knappkantig auf. Arbeiten Sie das Knopfloch in den Obertritt ein, zeichnen Sie den Knopf am Untertritt an, dann erst nähen Sie ihn an.

Bluse und Pullover: Jung; Schuhe: Werdich

Trendsicherer und preiswerter Tip für's Büro.

Das Schnittlagebild gilt für die Größen 6-40 und zeigt eine Stoffbreite von 160 cm in ganzer Breite aufgelegt.

Tulpenrock

19 Vorderrock
20 Hinterrock
21 Vordere Glockenhälfte
22 Hintere Glockenhälfte
23 Bund

Alle Nahtzugaben 1 cm, bis auf:
aum: 1 cm Einschlag
1 cm Umschlag
Seitennaht: 2 cm
ntere Rockmitte: 2 cm

Hinweis für den Zuschnitt:
Die Schnittauflage verschiebt sich etwas ei den Größen 42-46.

= Einlage

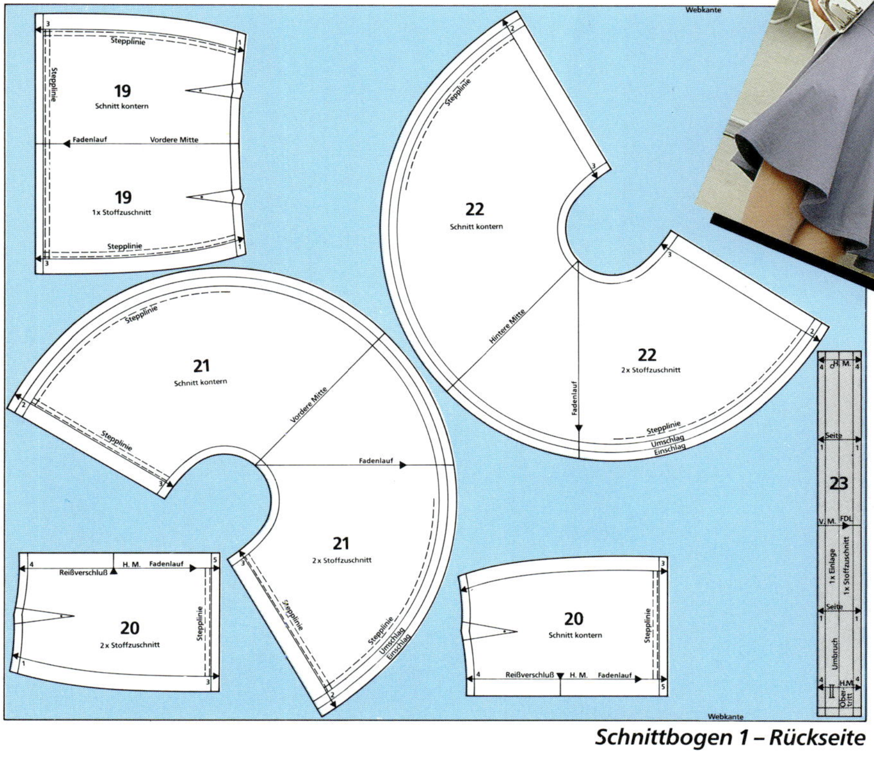

Schnittbogen 1 – Rückseite

IN DEN GRÖSSEN 36-46

2-TEILIGE STRICK-KOMBINATION

in Kürze genäht

Strickstoffe sind aktuell wie nie. Wichtig dabei: Streifen. Gerade für die angehende kalte Jahreszeit ist dieses Material, ein Gemisch aus Baumwolle und Polyacryl, genau das Richtige. Auch im Preis ist dieser Stoff, in der gezeigten Zusammenstellung, ein großer Knüller. Die Pflege: Mit Handwäsche bleibt Ihre Kombination in Form.

Stoffverbrauch

berteil-Streifen:
:. 36–46 = 1,30 m
berteil-Uni:
:. 36–46 = 95 cm
ock-Uni:
:. 36–46 = 95 cm
ese Angaben beziehen sich f eine Stoffbreite von 150 cm.

Zuschnitt

en Streifenstrickstoff auf uch legen, so daß Webkante f Webkante trifft. Achten Sie f einen gleichliegenden Streilauf von Unter- und Oberoff. Am besten stecken Sie ein ar Nadeln, um ein Verrutnen beider Lagen zu vermein. Legen Sie den Ärmel- und n Bundschnitt auf, wobei zterer im Bruch liegt. Stecken beide Schnitteile fest und hten Sie auf einen exakten aschenlauf bzw. Streifenlauf. **chtung! Alle Schnitteile nd inklusive Nahtzugaben.** hneiden Sie die Teile zu und ertragen Sie alle Paßpunkte d Markierungslinien. zt legen Sie den einfarbigen ickstoff 2x in Bruch, d. h., schlagen beide Webkanten r Stoffmitte hin ein, so daß Kanten aneinanderstoßen. Vorder- und Rückteilschnitt im Bruch auflegen, Bündchenschnitt und Einfaßstreifen entlang der Webkanten ebenfalls auflegen, alles feststecken und zuschneiden. Alle Paßpunkte und Markierungslinien kennzeichnen und den Zuschnitt auf Ungleichheiten überprüfen. Zum Schluß den Rockstoff auf Bruch legen. Für den Rockzuschnitt benötigen Sie keinen separaten Papierschnitt. Unsere Schnittlagegrafik zeigt Ihnen exakt die Auflage inklusive Maßangaben, die Sie direkt auf den Stoff übertragen können. In der nachfolgenden Aufstellung können Sie die passende Breite zu Ihrem Körpermaß feststellen.

Rockumfang/Breite:
Gr. 36 = 94 cm/ab Bruch 47 cm
Gr. 38 = 98 cm/ab Bruch 49 cm
Gr. 40 = 102 cm/ab Bruch 51 cm
Gr. 42 = 106 cm/ab Bruch 53 cm
Gr. 44 = 110 cm/ab Bruch 55 cm
Gr. 46 = 114 cm/ab Bruch 57 cm

Nachdem Sie alle Angaben übertragen haben, schneiden Sie den Rock zu.

Näharbeit

Versäubern Sie alle Schnittkanten ringsum bis auf die untere Ärmelkante, die untere Kante von Vorder- und Rückteil, die Längsseiten von Bund und Bündchen, den Einfaßstreifen und die Kante des Rockbundes. Achten Sie darauf, daß der Strickstoff nicht die Elastizität verliert. Den Stoff daher nicht zu locker in die Maschine gleiten lassen. Lieber etwas Zug auf die Schnittkanten bringen.

Hinweis:
Wenn Sie Aufhänger miteinnähen wollen, dann schieben Sie diese vor dem Absteppen der Einschlagkante an der Bundseite ein.

Rock

Die hintere Rocknaht mit einem Elastik-Geradstich oder einem kleinen Zackenstich bis zum Paßzeichen schließen und die Nahtzugabe auseinanderbügeln. Den Bund 1 cm einschlagen, 3,5 cm umschlagen und feststecken. Die Einschlagkante knapp aufsteppen. Durch die

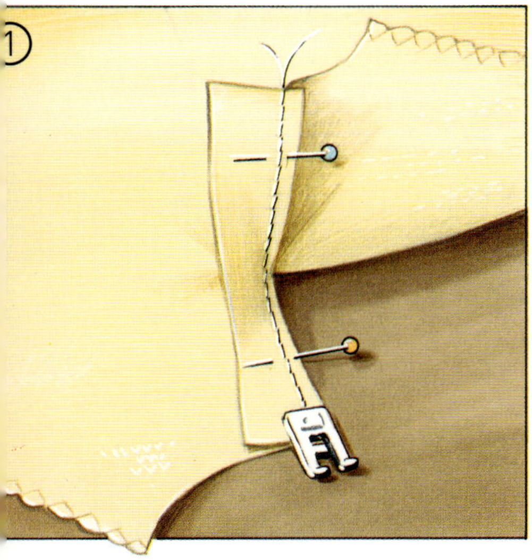

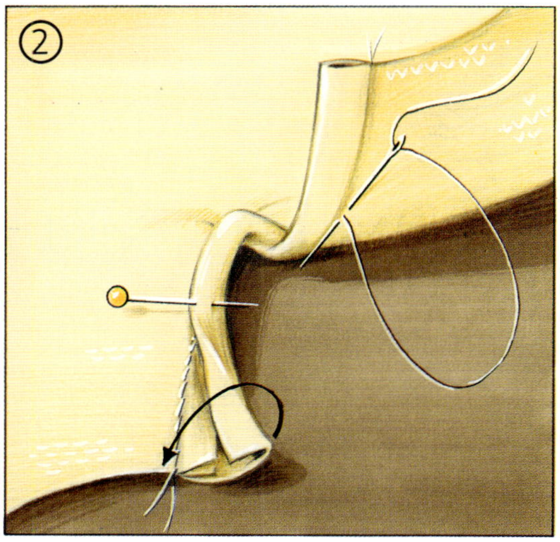

① Den Einfaßstreifen rechts auf rechts kantengleich entlang des Schlitzeinschnittes aufstecken. Die erste Schlitzseite wie einen Abnäher nähen. Mit einer 7-mm-Nahtbreite beginnen und darauf achten, daß sich am Schlitzende nur noch eine maximale Nahtbreite von 2 mm ergibt. Die Nadel im Stoff lassen, den Drückerfuß in Hochstellung bringen, Drücker wieder senken und im gleichen Verfahren – nur gegengleich – die zweite Schlitzseite abnähen.

② Die äußere Kante des Einfaßstreifens 7 mm ein- und 7 mm umschlagen. Die Einschlagkante etwas über die vorherige Naht legen und stecken. Von der rechten Stoffseite aus, im Nahtschatten, mit Punktstichen die Einschlagkante befestigen.

Strick-kombination:

Strickstoff, gestreift und uni (Hertie)
Nähgarn (Gütermann)
Gummi, 3 cm breit (Goldzack)
1 Paar Schulterpolster
1 Knopf

Öffnung in der hinteren Mitte mit Hilfe einer Sicherheitsnadel den auf Ihre Taillenweite zugeschnittenen Gummi einziehen und, übereinandergelegt, gut vernähen.

Gummimaße:

Gr. 36=64 cm   Gr. 42=76 cm
Gr. 38=68 cm   Gr. 44=80 cm
Gr. 40=72 cm   Gr. 46=84 cm

Zum Schluß den Saum 3 cm einbügeln und mit Handstichen befestigen.

Oberteil

Den Ärmelzuschnitt mit den Paßpunkten 7, 8, 9+5 rechts auf rechts auf das Rückteil auflegen, stecken und annähen. Anschließend die Ärmelseite mit den Paßpunkten 1, 2, 3, 4+5 auf das Vorderteil stecken und annähen. Auch hier verwenden Sie einen Elastik-Geradstich oder einen kleinen Zakkenstich. Die Seitennaht und die Ärmelnaht in einem Arbeitsgang schließen (Paßpunkte 6, 5+10). In der hinteren Mitte ab Halsring bis zum Paßzeichen den Schlitz einschneiden. Den Einfaßstreifen laut Schnittangabe auf 2 Längen abschneiden. Mit dem kürzeren Teil fassen Sie nun den Schlitz ein. Hierzu helfen Ihnen unsere Step-Grafiken 1+2. Stecken Sie den Einfaßstreifen rechts auf rechts an die Schlitzkante. Nähen Sie dann die beiden Teile folgendermaßen zusammen: Fangen Sie mit 7 mm Nahtbreite an und achten Sie darauf, daß Sie am Schlitzende eine maximale Nahtbreite von 2 mm haben. Nähen Sie die Gegenseite bis zum Halsring hoch, so sind Sie hier wieder auf 7 mm Nahtbreite. Dies hat den Vorteil, daß Sie sich bei diesem Strickstoff das Einschneiden in die Schlitzecke ersparen. Schlagen Sie nun die äußere Kante des Einfaßstreifens auf der linken Stoffseite zuerst ein, dann um, und zwar so weit, daß die Einschlagkante knapp über der vorherigen Steppnaht liegt. Stecken Sie den Umschlag mit ein paar Nadeln fest. Nun von rechts im Nahtschatten den Umschlag entlang der Einschlagkante mit Rückstichen festnähen.

Hinweis:
Achten Sie darauf, daß Sie die Schnittkanten des Halsringes nicht ausdehnen. Steppen Sie vor dem Einfassen – 5 mm von der Kante entfernt – 1-mal durch.

Als nächstes kommt die Verarbeitung des Halsausschnittes. Den bereits auf Länge zugeschnittenen Einfaßstreifen halbieren, und mit diesem Paßpunkt an die vordere Mitte des Halsringes rechts auf rechts und über die Ärmelschulternähte und weiter bis zur hinteren Mitte, aufstecken. Lassen Sie an letzter Stelle 1 cm überstehen. Jetzt diesen Zentimeter einschlagen und den Einfaßstreifen mit einer 7 mm-Nahtbreite an den Halsring nähen. Wie beim Einfaßstreifen des Schlitzes 7 mm ein-, 7 mm umsch gen und im Nahtschatten vo rechts die Einschlagkante fe nähen. Der überstehende E faßstreifen vom linken Rücke teil wird zur Schlaufe gele und von links mit Handstich am Schlitz angenäht. Die Schl gengröße richtet sich nach de Durchmesser des Knopfes. D Einschlagkanten von der rec ten Seite mit Staffierstichen z sammennähen.

Bund

Den Bundzuschnitt rechts a rechts im Bruch liegenlass und die linke Seitennaht v Paßpunkt 5 zu 6 schließen. D Nahtzugabe ausbügeln u den ganzen Bund – nun zu nem Ring geschlossen – (

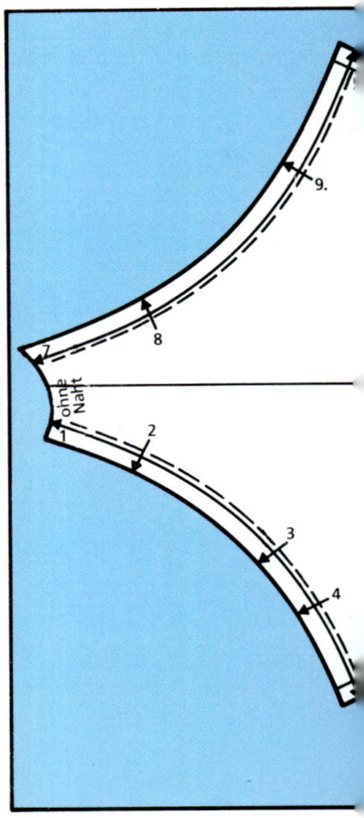

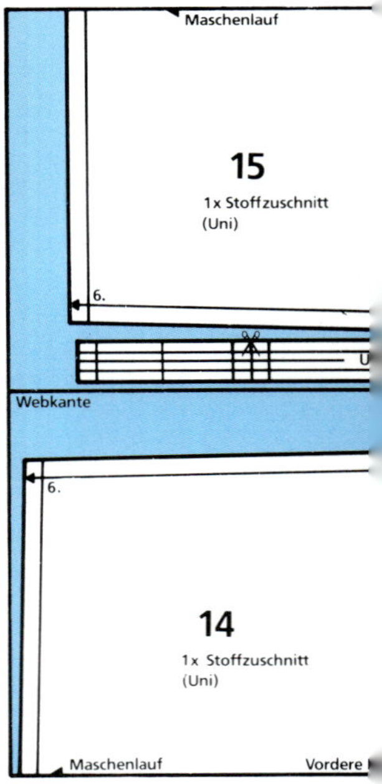

ıge nach, links auf links, in ıch legen und bügeln. Dabei ft Paßpunkt 5 auf 6. Ungeüb- heften beide Schnittkanten sammen. Den Bund nun mit r geschlossenen Seitennaht :hts auf rechts an die untere nnittkante von Vorder- und ckteil stecken, die Mehrweite ·her etwas einhalten, dabei f vordere und hintere Mitte wie den Paßpunkt 6 achten. ıgsum zusammennähen und : Naht nach oben bügeln.

Bündchen

e Bündchen wie den Bund in eilrichtung der Schnittangabe einem Ring schließen (Paß- ınkt 10) und die Naht ausein- derbügeln. Den Ring der Län- ge nach links auf links in Bruch legen und die Schnittkanten eventuell wieder zusammenheften. Danach rechts auf rechts an den bereits eingehaltenen Ärmel anstecken und annähen (Paßpunkt 10).

Fertigstellung

Den Knopf in der hinteren Mitte auf dem Einfaßstreifen annähen. Die Schulterpolster, wenn nötig, überziehen und einstekken. Raglanschulterpolster eignen sich hierfür am besten. Den Sitz der Polster überprüfen und mit Handstichen festnähen.

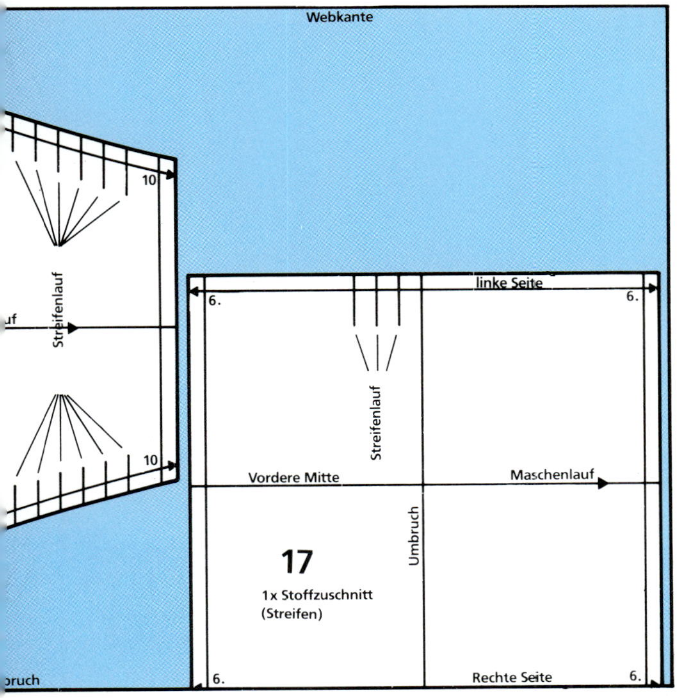

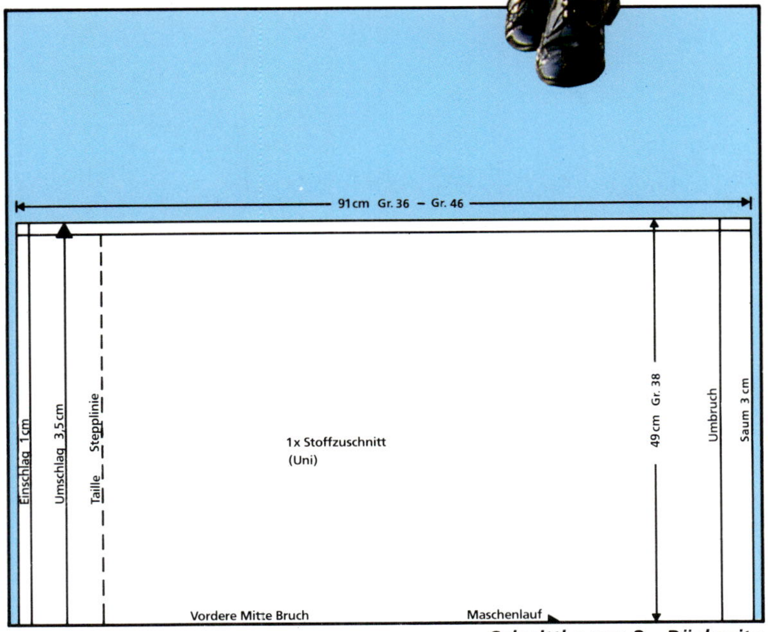

Schnittbogen 2 – Rückseite

Das erste Schnittlagebild zeigt den Zuschnitt des gestreiften Strickstoffes, der im Bruch liegt.

Das zweite Schnittlagebild zeigt den Zuschnitt des einfarbigen Strickstoffes, der 2x im Bruch (gegeneinander) liegt. Beide Schnittauflagen gelten für die Gr. 36+38.

Das dritte Schnittlagebild ist eine schematische Darstellung mit Maßangaben für den Zuschnitt des Rockes aus dem einfarbigen Strickstoff. Hierzu ist die Aufstellung des Rockumfanges in der Anleitung zu beachten. Alle Schnittlagebilder sind auf eine Stoffbreite von 150 cm ausgerichtet.

Strickkombination
14 Vorderteil
15 Rückteil
16 Ärmel
17 Bund
18 Ärmelbündchen
19 Einfaßstreifen für Halsring und Schlitz

Alle Nahtzugaben 1,0 cm.
Rocksaum: 3 cm
Rockbund:
1 cm Einschlag
3,5 cm Umschlag

Hinweis für den Zuschnitt:
Die Schnittauflage verschiebt sich etwas bei den Größen 40-46.

Für besondere Anlässe

IN DEN GRÖSSEN 36-46

FESTLICHE KOMBINATION

mit perfekter Anleitung – einfach

ROCK

Stoffverbrauch

Für alle Größen von 36-46 = 1,85 m
Diese Angabe bezieht sich auf eine Stoffbreite von 125 cm.

Zuschnitt

Legen Sie Ihren Stoff in ganzer Breite auf, so daß die linke Stoffseite oben liegt. Legen und stekken Sie alle Schnitteile laut Lageplan auf (Hinterrock zuerst aufzeichnen, dann kontern) und schneiden Sie den Rock zu. Alle Paßpunkte und Markierungen auf den Oberstoff übertragen. Die perforierte Einlage ebenfalls zuschneiden und auf die linke Stoffseite des Bundzuschnittes aufbügeln.

Näharbeit

Versäubern Sie alle Zuschnitteile rundum, bis auf den Bund. Am Vorder- und am Hinterrock den Saumeinschlag 3 cm breit einbügeln. Am linken Vorderteil den angeschnittenen Beleg 1 cm einbügeln und knappkantig absteppen. Dann die Kante noch einmal 3 cm umschlagen und bügeln. Am rechten Vorderteil den Beleg 2mal 3 cm zuerst ein-, dann umbügeln. Vorder- und Hinterrock rechts auf rechts legen (Paßpunkte 1 + 2), die Seitennaht stecken und nähen. Beachten Sie hierbei die 2 cm Nahtzugabe. Alle Nähte ausbügeln.

Kräuseln

Die Taillenkante 2mal mit 5-6 mm Stichlänge vornähen und auf Ihre Größe einkräuseln.

Reihweite des gesamten Hinterrockteiles:

Gr. 36 = 32 cm	Gr. 42 = 38 cm
Gr. 38 = 34 cm	Gr. 44 = 40 cm
Gr. 40 = 36 cm	Gr. 46 = 42 cm

Reihweite des linken Vorderrockteiles:
Den angeschnittenen Untertritt, wie auf dem Schnitt angegeben, bitte nicht einkräuseln. Ab vorderer Mitte bis Seitennaht gelten folgende Maße:

Gr. 36 = 17 cm	Gr. 42 = 20 cm
Gr. 38 = 18 cm	Gr. 44 = 21 cm
Gr. 40 = 19 cm	Gr. 46 = 22 cm

Die Reihweite des rechten Vorderrockteiles entspricht dem linken Rockteil. Hierzu müssen Sie aber noch den angeschnittenen Obertritt zusätzlich auf 11 cm einreihen. Diese Angabe gilt für alle Größen.

Wenn nicht in Rot, wie wäre es mit Blau? Hauptsache, ein aus Brokat und Seide gewebtes Jacquard-Fantasie-Muster. Dazu passend eine Handwebseide aus 100% Wildseide. Zeigen Sie sich doch einfach mal von Ihrer glänzenden Seite. Für beide Materialien ist übrigens Reinigung empfohlen.

Das erste Schnittlagebild zeigt den Zuschnitt des Rockes und gilt für alle Größen. Die Stoffbreite beträgt 125 cm und liegt in ganzer Breite auf.

Rock

17 Linker Vorderrock
18 Rechter Vorderrock
19 Hinterrock
20 Bund

Nahtzugaben: 1 cm
Saum: 3 cm
Seitennaht: 2 cm

Das zweite Schnittlagebild zeigt den Zuschnitt der Bluse und gilt für die Größen 36-40. Die Stoffbreite beträgt 90 cm und liegt in ganzer Breite auf.

Bluse

21 Vorderes Mittelteil
22 Hinteres Mittelteil
23 Vorderes Seitenteil
24 Hinteres Seitenteil
25 Rechter Vorderbund
26 Linker Vorderbund
27 Rückenbund
28 Ärmelbeleg
29 Einfaßstreifen für Halsausschnitt

Alle Nahtzugaben: 1 cm

Hinweis für den Zuschnitt:
Die Schnittauflage verschiebt sich etwas bei den Gr. 42-46.

= Einlage
= Organza

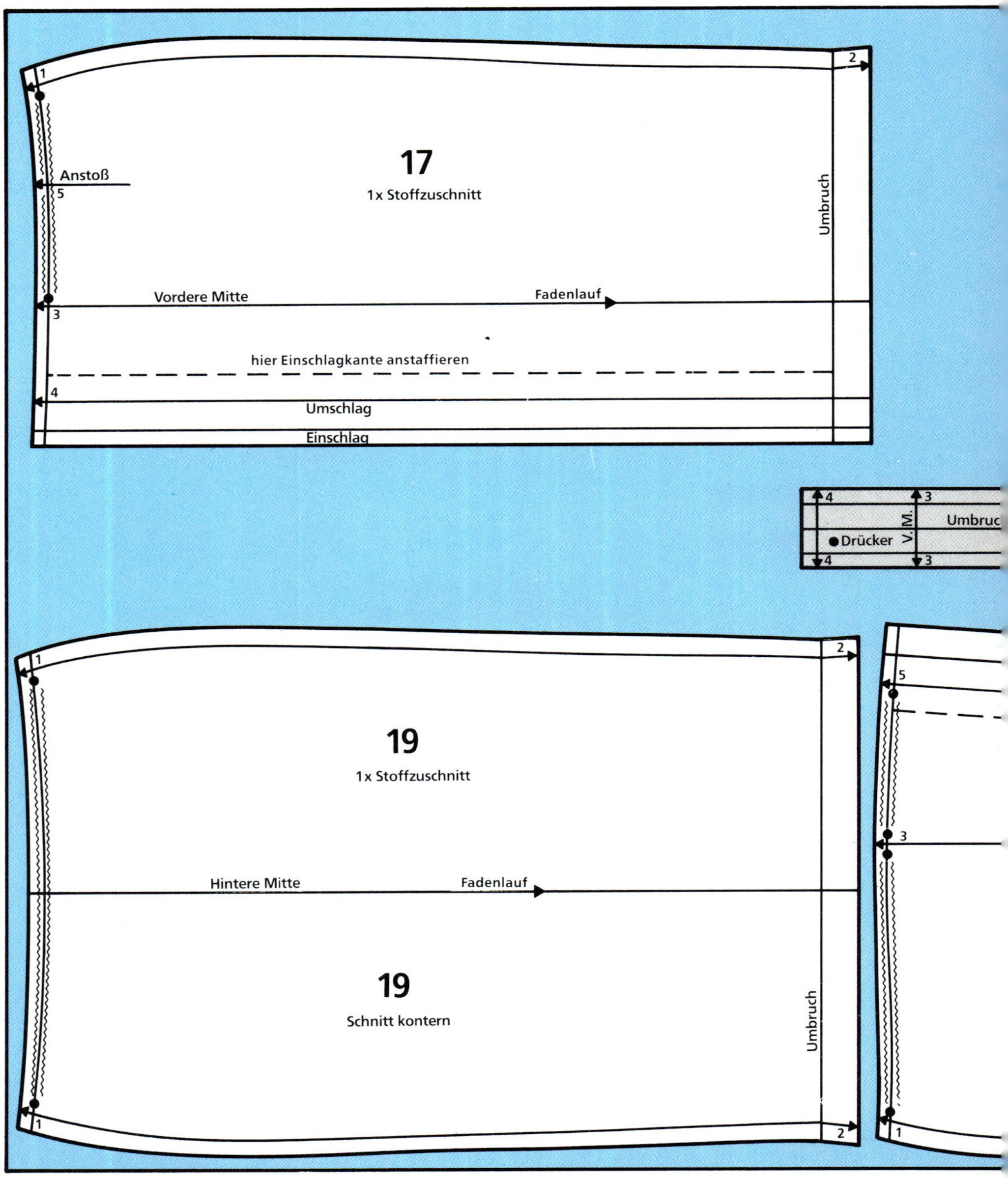

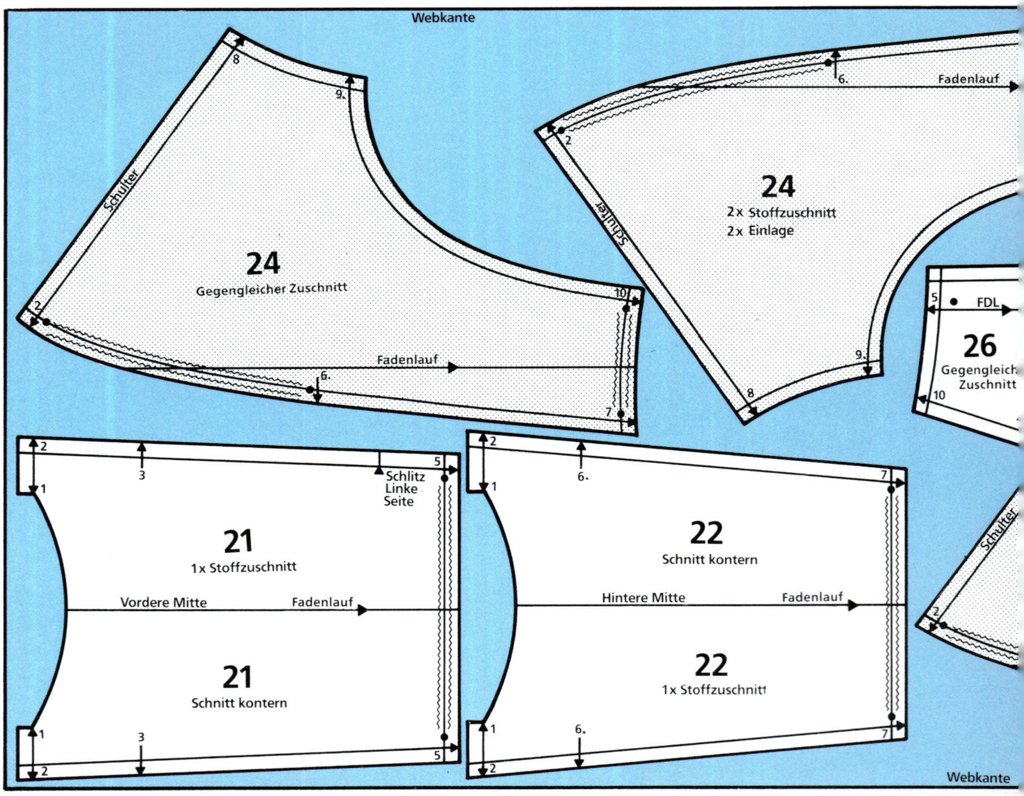

Schnittbogen 3 – Vorderseite

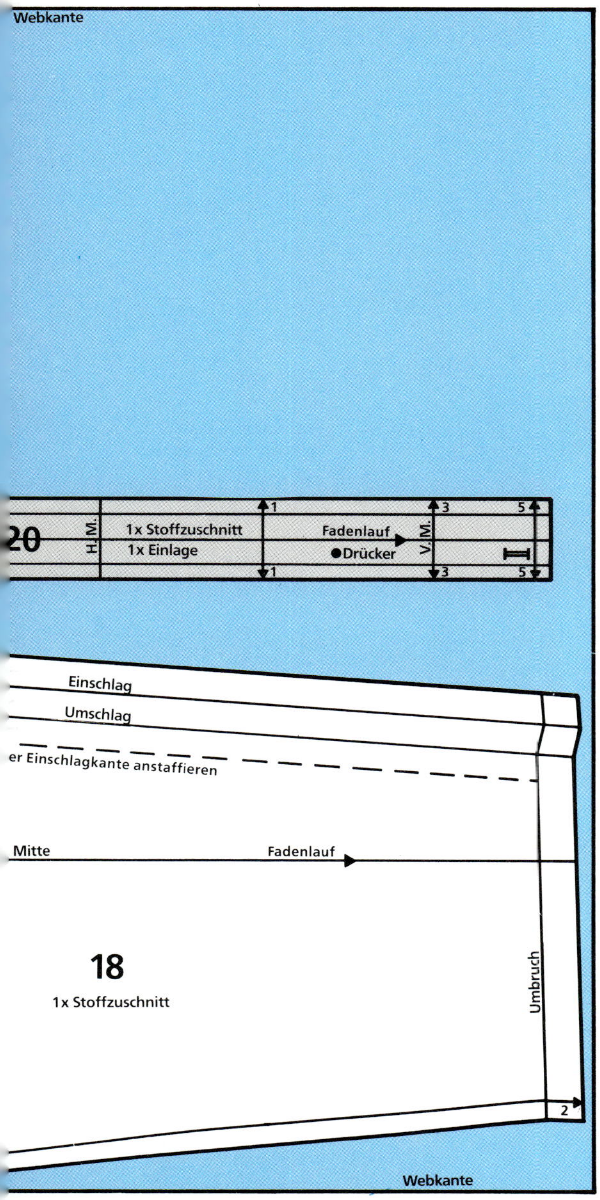

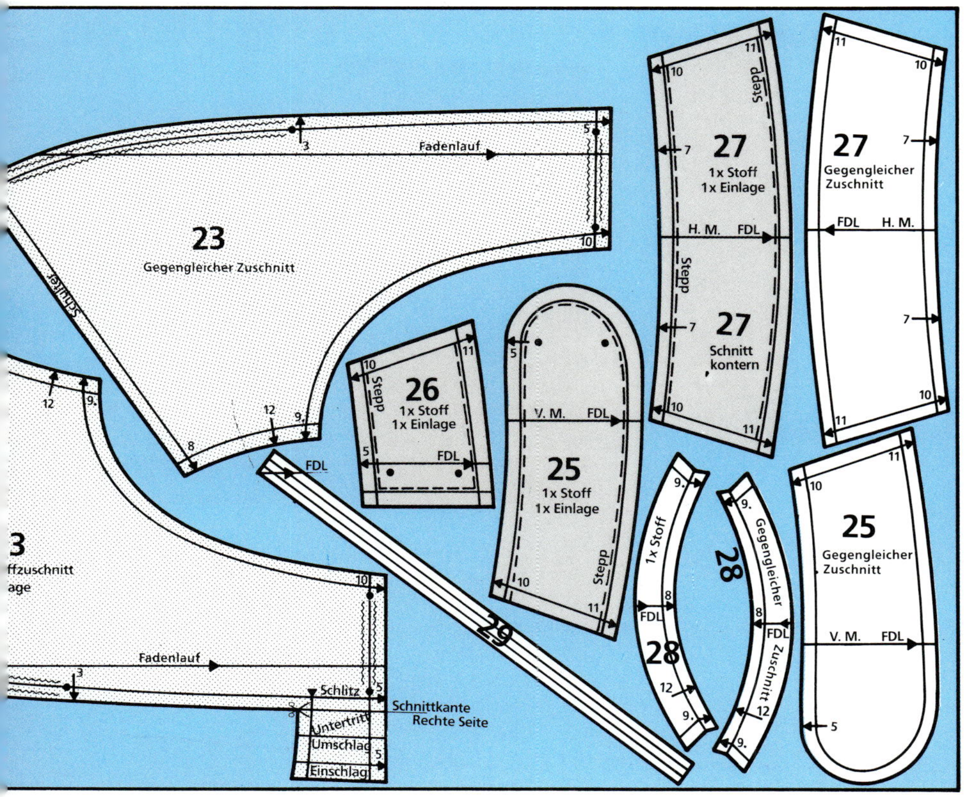

Bund

Den verstärkten Bund links auf links der Länge nach auf Bruch bügeln, rechts auf rechts an den Taillenring des Rockes stekken (Paßpunkte 1, 3, 4 + 5) und annähen. Die Nahtzugabe in den Bund bügeln und die Bundenden verstürzen. Dazu legen Sie den Bund der Länge nach rechts auf rechts, klappen die Nahtzugaben jeweils am Ende entlang der Perforierung zum Bund und nähen die Bundhöhe 1 cm breit ab. Wenden Sie den gesamten Bund, so daß die rechte Stoffseite wieder außen liegt, und richten Sie die Ecken vorsichtig aus. Wenn Sie exakt genäht haben, dann ergeben die Bundenden und die vorderen Kanten eine gerade Linie.
Die innere Bundkante entlang der Perforierung einschlagen, diese von rechts feststecken, eventuell Aufhänger in die Seitennaht schieben und kantig absteppen.

Fertigstellung

Die vorderen Belege und den Rocksaum feststecken und mit Handstichen befestigen.
Das Knopfloch am Obertritt anzeichnen und einarbeiten. Die Knopflage am Schnitt abmessen, übertragen und annähen. Den Sitz des Druckknopfes überprüfen und ebenfalls annähen.

BLUSE

Stoffverbrauch

Brokatstoff:
Gr. 36 + 38 + 40 = 2,45 m
Gr. 42 + 44 = 2,55 m
Gr. 46 = 2,70 m
Diese Angaben beziehen sich auf eine Stoffbreite von 90 cm.

Organza:
für alle Größen 1,20 m.

Hinweis:
Wer noch etwas unsicher im Kontern von Schnittteilen ist, kann sich einen doppelten Papierschnitt anfertigen.

Zuschnitt

Legen Sie Ihren Stoff in ganzer Breite auf, so daß die linke Stoffseite oben liegt. Legen und stekken Sie die Schnitteile laut Schnittlageplan auf. Vorder- und Rückteilschnitt aufstecken, aufzeichnen – wobei Sie die hintere bzw. vordere Mitte nur andeuten – und die Stecknadeln wieder entfernen. Die Schnitteile dann an der vorderen bzw. hinteren Mitte umklappen (kontern) und wieder feststecken. Vorderes und hinteres Seitenteil je 1mal feststekken und ausschneiden, gegengleich laut Plan noch einmal aufstecken und zuschneiden. Im gleichen Verfahren die Bundteile aufstecken und zuschneiden. Übertragen Sie alle Paßpunkte und Markierungslinien auf den Oberstoff.
Schneiden Sie für die Seitenteile noch das Organzamaterial zu und für den Bund eine nicht aufbügelbare Vlieseline.

Hinweis:
Vorsicht beim Bügeln eines Brokatstoffes! Vor Beginn immer eine Bügelprobe machen. Bei zu starker Hitze schmelzen die Metallfäden. Am besten ein Tuch zwischen Stoff und Bügeleisen legen.

Näharbeit

Auf die linke Stoffseite der Seitenteile mit angeschnittenem Ärmel stecken Sie die Organza-

Einlage und heften diese 0,5 cm von der Schnittkante entfernt mit farblich passendem Nähgarn fest. Versäubern Sie danach alle Zuschnitteile ringsum.

Halsring

Mittleres Vorder- und Rückteil rechts auf rechts legen (Paßpunkte 1 + 2), die Schulternaht schließen und ausbügeln.
Den Einfaßstreifen für den Halsring an einer Seite 7 mm einbügeln und zu einem Ring schließen. Die Naht ausbügeln, anschließend die nicht eingebügelte Seite rechts auf links an Vorder- und Rückteil der Bluse stecken und nähen. Achten Sie darauf, daß die Naht des Einfaßstreifens auf die linke Schulternaht der Bluse trifft. Die Nahtzugabe in den Streifen bügeln und die eingebügelte Seite knappkantig von rechts entlang der vorherigen Steppnaht aufnähen.

Ärmel

Je ein seitliches Vorder- und Rückteil mit angeschnittenem Ärmel rechts auf rechts legen, stecken und die Schulter- bzw. Oberarmnaht schließen (Paßpunkte 2 + 8). Die Nahtzugabe ausbügeln.
Den Ärmelbeleg rechts auf rechts an den Ärmelsaum stekken (Paßpunkte 8, 9 + 12), annähen, auf die linke Stoffseite wenden und die Naht kantig bügeln.
Die Armkugel von Vorder- und Hinterärmel mit einer Stichlänge von 5 mm zweimal vornähen und auf die nachfolgend angegebene Weite Ihrer Größe einkräuseln.

Vorderärmel:
Gr. 36 = 12,5 cm
Gr. 38 = 13 cm
Gr. 40 = 13,5 cm
Gr. 42 = 14 cm
Gr. 44 = 14,5 cm
Gr. 46 = 15 cm

Hinterärmel:
Gr. 36 = 11,5 cm
Gr. 38 = 12 cm
Gr. 40 = 12,5 cm
Gr. 42 = 13 cm
Gr. 44 = 13,5 cm
Gr. 46 = 14 cm

Rock:
Wildseide (Ticino)
Bundfix,
3 cm Bundbreite
(Freudenberg)
Nähseide
1 Knopf/1 Druckknopf

Seitliche Verbindungsnähte und Schlitzverarbeitung

Legen Sie Vorder- und Rückteil – rechte Seite oben – aufgeklappt auf den Tisch. Dann die Seitenteile mit angeschnittenem Ärmel rechts auf rechts auf die Mittelteile legen (Paßpunkte 5, 4, 3, 2, 6 + 7), stecken und annähen. Am linken Vorderteil lassen Sie den angegebenen Schlitz offen. Die Nahtzugabe jeweils zur Mitte hin bügeln und am Schlitz den Untertritt 1 cm einbügeln und 4 cm umbügeln. Den Obertritt 2mal 5 mm einbügeln. Den Schlitzeinschlag mit Handstichen befestigen (siehe Step-Grafik).

Seitennaht

Vorder- und Seitennaht rechts auf rechts legen und die Seitennaht schließen (Paßpunkte 9 + 10). Die Nahtzugabe ausbügeln. Achten Sie darauf, daß der Ärmelbeleg aufgeschlagen und separat geschlossen wird. Danach legen Sie ihn wieder zum Ärmel hin und bügeln die Saumnaht kantig nach.

Bund

Die nicht aufbügelbare Einlage (für den Außenbund) auf die linke Seite von je einem rechten vorderen Bundteil, einem linken vorderen Bundteil und einem rückwärtigen Bundteil anheften. Außen- und Innenbund separat an den Seitennähten zusammennähen (Paßpunkte 10 + 11) und ausbügeln. Den Innenbund an der Taillenlinie 1 cm einbügeln.
Den Blusensaum mit 5-6 mm Stichlänge 2mal vornähen und auf Ihre Größe einkräuseln.

Vorderes Mittelteil:
Gr. 36 = 17 cm Gr. 42 = 20 cm
Gr. 38 = 18 cm Gr. 44 = 21 cm
Gr. 40 = 19 cm Gr. 46 = 22 cm

Vorderes Seitenteil:
Gr. 36 = 10 cm
Gr. 38 = 10,5 cm
Gr. 40 = 11 cm
Gr. 42 = 11,5 cm
Gr. 44 = 12 cm
Gr. 46 = 12,5 cm

Hinteres Mittelteil:
Gr. 36 = 19 cm
Gr. 38 = 20 cm
Gr. 40 = 21 cm
Gr. 42 = 22 cm
Gr. 44 = 23 cm
Gr. 46 = 24 cm

Wildseide und Wickelrock –
schmeichelnde Kühle des Materia

Hinteres Seitenteil:
Gr. 36 = 9 cm
Gr. 38 = 9,5 cm
Gr. 40 = 10 cm
Gr. 42 = 10,5 cm
Gr. 44 = 11 cm
Gr. 46 = 11,5 cm

Die nebenstehende Step-Grafik zeigt den exakten Arbeitsablauf der Bundverarbeitung an der Bluse. Die Taillenweite der bereits zusammengenähten Bluse auf die richtige Weite einreihen. Das linke seitliche Vorderteil mit angeschnittenem Untertritt ein- und umschlagen und feststecken. Das vordere Mittelteil bis zum Schlitzende 0,5 cm einund 0,5 cm umschlagen und auf das Organzamaterial aufstaffieren. Nachdem die Einlage auf die außenliegenden Bundteile geheftet wurde und die Seitennähte aller Bundteile geschlossen wurden, jetzt den Außenbund mit der Einlage paßpunktgenau an die Taillenkante der Bluse nähen. Den Innenbund rechts auf rechts auf den Außenbund auflegen und ringsum zusammennähen. Die Taillenkante bleibt offen. Die Rundung etwas zurückschneiden und das ganze Bundstück wenden.

Brokat und Seide – Eleganz für festliche Stunden

Den Außenbund rechts auf rechts an die eingekräuselte Blusenkante stecken (Paßpunkte 5, 10 + 7). Den Bund annähen, den Innenbund rechts auf rechts an den Außenbund legen, evtl. stecken, die Saumkante und beide Bundenden verstürzen. Die Rundung etwas zurückschneiden und das Ganze auf die rechte Seite wenden (siehe Step-Grafik). Nachdem Sie die Rundung und die Ecke ausgerichtet haben, können Sie die gesamte Bundnaht kantig bügeln. Den Innenbund an der eingebügelten Taillenkante feststecken und den Bund ringsum kantig absteppen.

Fertigstellung

Die Schulterpolster je nach Ausführung mit Futterstoff überziehen. Die Polster so anstekken, daß sie etwas in den Ärmel schauen und mit Handstichen befestigen.

Druckknöpfe anzeichnen und von Hand annähen.

Bluse:

Brokat-Seide (Ticino)
Organza
Vlieseline, L 11 (Freudenberg)
Nähseide
Druckknöpfe (Prym)
Schulterpolster

Hinweis:
Sollten die Schulterpolster durch die kurze Schulternaht zu lang sein, schneiden Sie diese vor dem Überziehen an der flachen Rundung etwas zurück. Versäubern Sie anschließend die Kante sofort wieder!

KNOPFLÖCHER

Ein sofortiger Blickfang an einem Kleidungsstück ist sowohl die Verarbeitung als auch die Aufteilung der Knopflöcher.
Wir unterscheiden zwei Arten: das geschürzte Knopfloch und das Paspelknopfloch. Ersteres kann maschinell oder auch von Hand gearbeitet werden, wobei das sogenannte Schneiderknopfloch immer weniger, das maschinell gearbeitete Knopfloch dagegen überall Verwendung findet. Die Länge des Knopflochs ergibt sich aus dem Durchmesser des Knopfes plus 3 mm Zusatzweite, um ein leichteres Durchrutschen des Knopfes zu ermöglichen. Ganz besonders wichtig ist eine optimale Plazierung und die richtige Lage. Ein zur Verschlußkante hin waagrecht gearbeitetes Knopfloch gibt einen besseren Halt als ein senkrecht gearbeitetes. Die Knopflochlänge wird ab der Verschlußmitte so angezeichnet, daß 1/5 davon zur Verschlußkante liegt und 4/5 entgegengesetzt zum Stoffteil liegen.

Das Knopfloch mit Einlauffaden

Das Knopfloch mit Einlauffaden wird maschinell gefertigt und hat den Vorteil, daß sich die Einschnittkanten auch bei häufigem Auf und Zu nicht verziehen. Verwendung findet dieses Knopfloch an Blusen, Kleidern, leichten Jacken und Mänteln sowie an Hosen- und Rockbundverschlüssen.

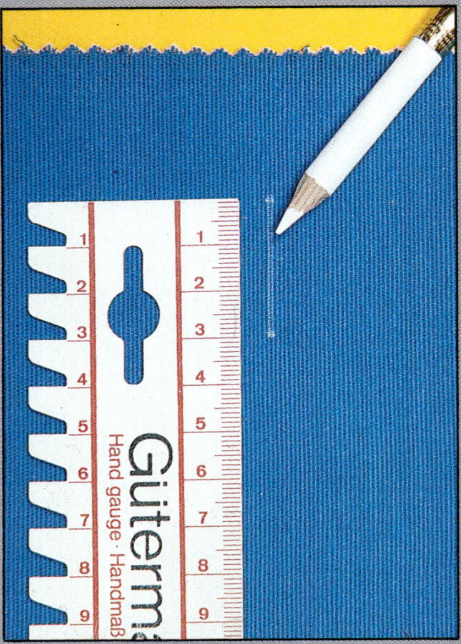

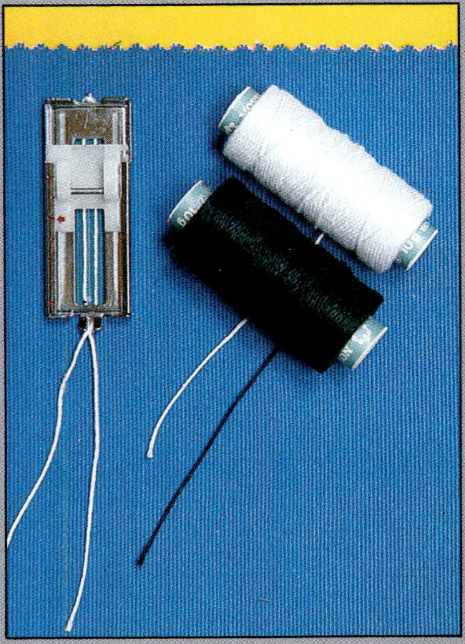

1 Maschinell gearbeitete Knopflöcher werden immer auf der rechten Stoffseite bzw. auf der Außenseite des Nähgutes gekennzeichnet. Für das Anzeichnen der Knopflochlänge nehmen Sie am besten einen Kreidestift zur Hilfe. Messen Sie exakt, und markieren Sie ganz besonders stark den Anfang und das Ende.

2 Jetzt nehmen Sie die für Ihre Nähmaschine passende Knopflochschiene, lassen diese mit der Nadelstange einrasten und legen einen sogenannten Einlauffaden von hinten nach vorne unterhalb der Schiene ein. Überkreuzen Sie die Fadenenden, ziehen Sie diese straff an, und klemmen Sie die Fäden in die betreffende Vorrichtung. Die Einlauffäden erhalten Sie in jeder guten Kurzwarenabteilung.

3 Stellen Sie anschließend Ihre Maschine auf Knopflochstich um, beachten Sie dabei die Anleitung des Nähmaschinenfabrikats, und nähen Sie dann die Knopflochlänge ab. Die in 5 mm eingeteilte Skala auf der Knopflochschiene hilft Ihnen, die richtige Knopflochlänge abzunähen. Hat die Maschine zum Schluß das Knopfloch vernäht, können Sie das Nähgut unter der Schiene hervorziehen. Vorsicht! Den Einlauffaden am Schienenende vorher aushängen.

KNOPFLÖCHER

4 Ziehen Sie die beiden Fadenenden vorsichtig nacheinander an, bis die Schlinge am Knopflochanfang nicht mehr zu sehen ist. Die Fadenenden über Kreuz legen und mit Hilfe einer Nähnadel auf die linke Stoffseite ziehen.

5 Beide Fadenenden vorsichtig vernähen, d. h. ein kurzes Stück unterhalb der Fadeneinfassung zurückstechen und den Einlauffaden durchziehen. Anschließend abschneiden.

6 Zum Schluß mit Hilfe eines Trennmessers das Knopfloch aufschneiden. Hierbei ist allerdings große Vorsicht geboten. Nie mit Gewalt das Messer durchschieben. Es könnte leicht ab- oder durchrutschen und sowohl die Fadeneinfassung als auch das Nähgut selbst beschädigen.

Praxis-Tip:
Stechen Sie kurz in der Mitte des Knopfloches ein, die restliche Strecke schneiden Sie mit Ihrer Nähschere auf.

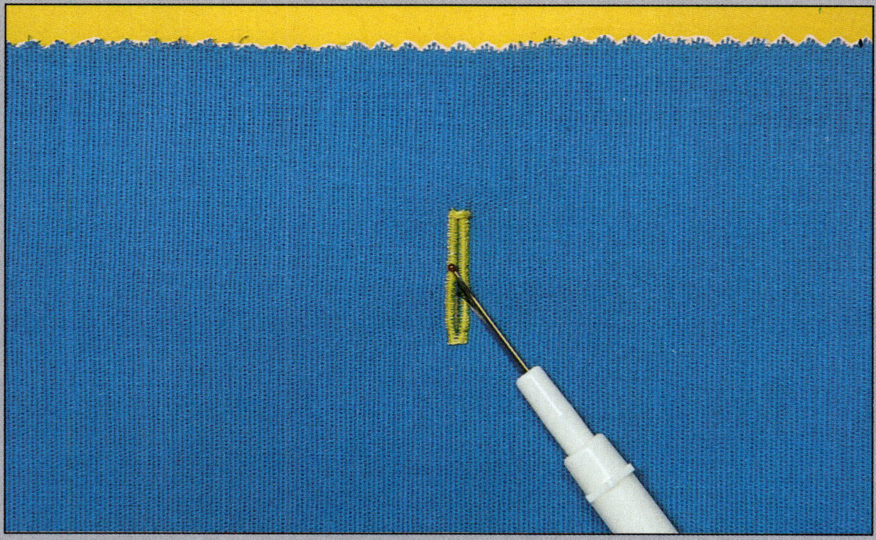

IN DEN GRÖSSEN 36-46

BLUSE MIT TULPENÄRMELN

Mode mit wenig Schnitteilen

Stoffverbrauch

r. 36 + 38 = 1,80 m
r. 40 + 42 = 1,90 m
r. 44 + 46 = 2,10 m
iese Angaben beziehen sich uf eine Stoffbreite von 150 cm.

utter:
r. 36 + 38 = 1,00 m
r. 40 – 46 = 1,10 m
iese Angaben beziehen sich uf eine Stoffbreite von 140 cm.

Zuschnitt

egen Sie den Stoff im Bruch zu- ımmen, so daß die rechte toffseite innen und die Web- anten aufeinanderliegen. Stek- en Sie alle Schnitteile exakt im adenlauf auf, und schneiden e sie zu.

chtung! Alle Schnitteile nd inklusive Nahtzugaben.

en Ärmelzuschnitt auf den utterstoff auflegen, stecken nd ebenfalls zuschneiden. Für en vorderen und hinteren alsbeleg benötigen Sie noch ine Einlage, die Sie nach dem uschnitt auf die linke Stoffseite er betreffenden Zuschnitteile ufbügeln.

Versäubern

olgende Kanten müssen Sie ersäubern: Seitennaht-, Schul- ernaht- und äußere Belegkan- en.

Näharbeit

nkes und rechtes vorderes lusenteil rechts auf rechts chnittkantengleich auf das ückteil legen (Paßpunkte 1 +), stecken und die Schulter- aht schließen. Anschließend on Paßpunkt 3 bis Paßpunkt 4 ie Seitennaht zusammennä- en und alle Nahtzugaben aus- nanderbügeln.

Beleg

Den rückwärtigen Halsbeleg rechts auf rechts an der Schulter bei Paßpunkt 1 anlegen, die Naht schließen und ausbügeln. Den gesamten Beleg nun schnittkantengleich an die vordere Blusenkante (Paßpunkte 8 + 9), an die Ausschnitt- und Halsringkante (Paßpunkt 1) legen und stecken. Mit einem Kantenabstand von 1 cm die gesamte Strecke abnähen. Die Ecken an den vorderen Kanten abschrägen, die Rundung etwas zurück-, eventuell einschneiden und den Beleg zuerst nach außen, dann zur linken Stoffseite hin kantig bügeln. Die Nahtzugabe des Armausschnittes und des hinteren Halsringes knappkantig, auf der rechten Stoffseite nähend, entlang der Belegnaht untersteppen.

Saum

Die Saumkante 1 cm ein- und 1 cm umbügeln, wobei der Beleg, an der vorderen Kante auf-

Dieser Stoffsommer bietet für jeden etwas. Einmal frisch und frech, dann wieder sanft und elegant. So soll Mode sein, so wird sie gerne getragen.

Bluse:
Blusenstoff
Futterstoff (Ulmia)
Vlieseline, H 200 (Freudenberg)
Nähgarn, Seralon S (Amann)
1 Paar Schulterpolster

geschlagen, ebenfalls ein- und umgebügelt wird. Die Einschlagkante knappkantig abnähen und den Beleg wieder zurück bzw. kantig legen; zuletzt mit ein paar Handstichen festhalten.

Ärmel

Vorder- und Hinterärmel werden mit Futter verstürzt. Sehen Sie hierzu unsere 1. Step-Grafik. Legen Sie den Futterzuschnitt auf die rechte Stoffseite der betreffenden Ärmelteile, stecken Sie beide Lagen ab Paßpunkt 6 bis 10 zusammen, und nähen Sie mit einem Kantenabstand von 1 cm die Strecke ab. Die Nahtzugaben etwas zurück- zurückschneiden und auseinanderbügeln. Futter und Oberstoff links auf links kantig legen und nochmals bügeln. Die verstürzten Kanten eines Vorder- und eines Hinterärmels übereinanderstecken, so daß der Vorderärmel über dem Hinterärmel liegt und beide Teile paßpunktgenau an der Schulterlinie aufeinandertreffen (Paßpunkt 2). Die Armkugel von Paßpunkt 5 über 2 bis Paßpunkt 6 zweimal vornähen. Wählen Sie für diesen Arbeitsgang die größte Stichlängeneinstellung Ihrer Maschine, und lockern Sie außerdem noch etwas die Oberfadenspannung. Nach dem Vornähen die Armkugel mit Hilfe der Unterfäden auf Ihre betreffende Weite einkräuseln.

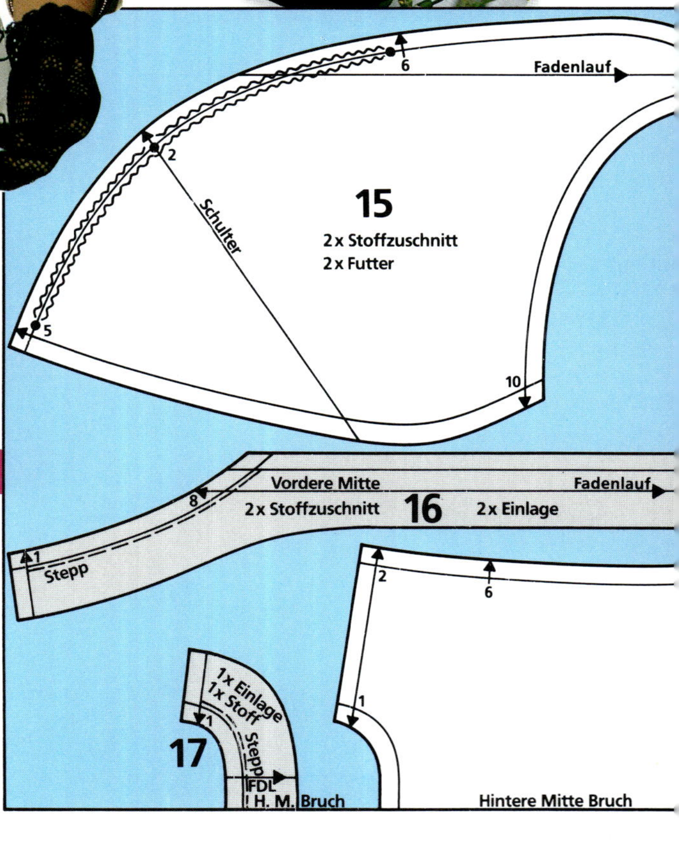

Dieser Blusenschnitt paßt auch »Molligen«. Der engergehaltene Saum sitzt oberhalb der Hüfte, so daß die seitliche Mehrweite locker die Taille umspielen kann.

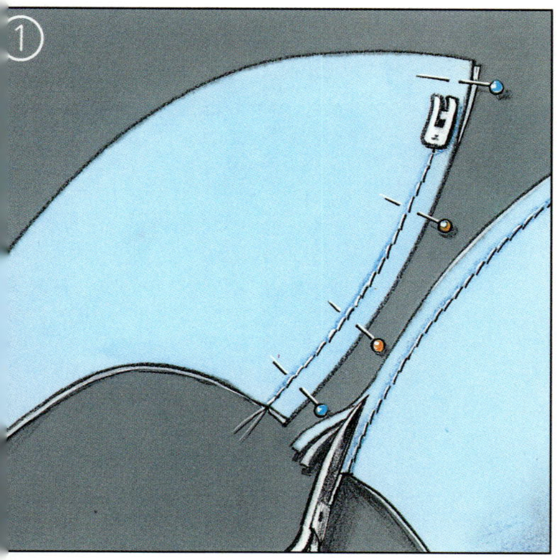

ɔrderärmel
ɔ Paßpunkt 2-6:
·. 36 = 13,0 cm
·. 38 = 13,5 cm
r. 40 = 14,0 cm
r. 42 = 14,5 cm
·. 44 = 15,0 cm
r. 46 = 15,5 cm
interärmel
ɔ Paßpunkt 2-5:
·. 36 = 11,0 cm
·. 38 = 11,5 cm
·. 40 = 12,0 cm
·. 42 = 12,5 cm
·. 44 = 13,0 cm
·. 46 = 13,5 cm

ɜvor Sie weiterarbeiten, verɜssen Sie nicht, die Oberfadenannung wieder in die Ausıngsstellung zurückzustellen. ähen Sie nun ab Paßpunkt 3 in chtung Paßpunkt 10 die innere Ärmelnaht (bis zur halben Strecke bzw. 20 cm vor den Ärmelsaum), Oberstoff und Futter schnittkantengleich zusammen, und versäubern Sie diese Strecke. Sehen Sie hierzu auch unsere 2. Step-Grafik. Anschließend die Nahtzugabe bis zur Nahtlinie einschneiden. Jetzt die Nähte an den unteren Spitzen bei Paßpunkt 10 – rechts auf rechts – aufeinanderstecken und mit 1 cm Kantenabstand von einer Einschnittstelle zur anderen nähen. Den nun geschlossenen Saum kantig ausrichten und bügeln. Die Einschnittstelle der Ärmelnaht ebenfalls ausrichten und ab Einschnittstelle komplett schließen.
Die Nahtzugabe ausbügeln und den Ärmel rechts auf rechts in den Armausschnitt der Bluse einstecken und einnähen. Dabei die Paßpunkte 3, 7, 5, 2 + 6 beachten. Zum Schluß die Nahtzugaben zusammen versäubern.

Fertigstellung

Die Knopflöcher auf dem Obertritt einarbeiten und die Knöpfe am Untertritt annähen.
Die Schulterpolster eventuell überziehen und entlang der Ärmeleinsetznaht annähen.

Hinweis:
Wenn die aufbügelbare Einlage mehr Hitze benötigt als der Oberstoff, dann bügeln Sie diese mit einem trockenen Tuch auf.

① Die Wickelkante des Ärmels – in Tulpenform – mit dem Futterzuschnitt verstürzen und die Nahtzugabe etwas zurückschneiden.

② Die Verstürznaht kantig bügeln und beim Schulterpaßpunkt exakt übereinanderlegen, so daß der Vorderärmel über dem Hinterärmel liegt. Beide Ärmelteile stecken, zweimal mit einem großen Stich vornähen und auf passende Weite einkräuseln. Entlang der Ärmelschließnaht bis 20 cm vor den Ärmelsaum mit dem Oberstoff zusammennähen und versäubern. Anschließend am Ende der Naht bis zur Nahtlinie einschneiden. Jetzt kann der Ärmel an der Saumkante verstürzt bzw. geschlossen werden.

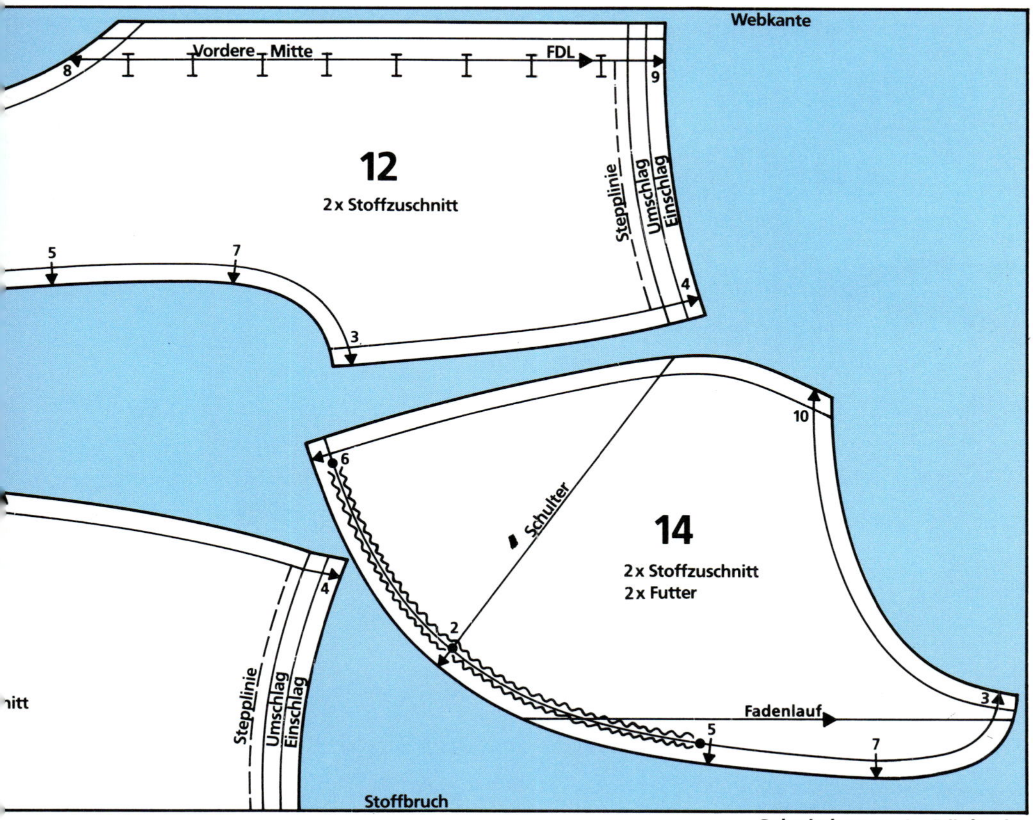

Schnittbogen 1 – Rückseite

Das Schnittlagebild gilt für die Größen 36 + 38 und zeigt eine Stoffbreite von 148/150 cm auf Bruch gelegt.

Bluse
12 Vorderteil
13 Rückteil
14 Vorderärmel
15 Hinterärmel
16 Vorderer Beleg
17 Rückwärtiger Beleg

Alle Nahtzugaben 1 cm.
Saum: 1 cm Einschlag
1 cm Umschlag

Hinweis für den Zuschnitt:
Die Schnittauflage verschiebt sich etwas bei den Größen 40-46.

▭ = Einlage

IN DEN GRÖSSEN 36-46

TRAUMHAFTE SPITZENBLUSE

auch ohne Schößchen zu nähen

Auch Spitzenstoffe unterscheiden sich in Material, Form und Muster. Dieses hochwertige Spitzengewebe (der Fa. Cremer KG) mit einem reliefartigen Blütendessin wird in allen guten Fachgeschäften der Stoffbranche angeboten. Auffallend ist auch die an beiden Längsseiten verlaufende gebogte Bordüre. Die Qualität: 74% Baumwolle und 26% Polyacryl.

Spitzenbluse mit Schößchen

Stoffverbrauch

r. 36 + 38 = 3,90 m
r. 40 + 42 = 4,00 m
r. 44 + 46 = 4,20 m
ese Angaben beziehen sich auf ne Stoffbreite von 86/90 cm.

Gummiverbrauch

rmelgummi:
r. 36 = 2 x 19,5 cm
r. 38 = 2 x 20,0 cm
r. 40 = 2 x 20,5 cm
r. 42 = 2 x 21,0 cm
r. 44 = 2 x 21,5 cm
r. 46 = 2 x 22,0 cm
e Gummibreite beträgt 1,5 cm.

Zuschnitt

en Stoff offen hinlegen. Alle hnitteile auflegen, laut hnittlageplan aufstecken und isschneiden.

chtung! Alle Schnitteile in- usive Nahtzugabe.

le Markierungspunkte auf en Oberstoff übertragen. eim Zuschnitt auf die Bogenitzen achten! Nicht unterhiedlich zuschneiden! Die Boen müssen immer in gleicher öhe aufeinandertreffen. Achn Sie auch darauf, daß Sie gengleiche Teile zuschneiden.

Ärmel

a der Spitzenstoff etwas irchsichtig ist, muß der Tunnel it einem Futterstreifen untergt werden. Dazu bügeln Sie en Spitzen- und Futterstreifen jeder Längsseite 1 cm ein. Len Sie je einen Spitzen- und itterstreifen links auf links aufnander, so daß die eingebülten Kanten gegengleich aufnanderliegen (siehe 1. Step-Grafik). Stecken Sie die beiden Streifen zusammen, und legen Sie das Teil mit der Futterseite auf die linke Seite des Ärmels auf (Paßpunkte 11 + 12). Anschließend steppen Sie den Streifen knappkantig auf. Danach nehmen Sie den auf passende Länge geschnittenen Gummi und runden ihn an einer Seite etwas ab. Ziehen Sie den Gummi mit Hilfe einer Sicherheitsnadel zwischen Futter- und Spitzentunnel so weit ein, daß er kantengleich mit der Ärmelschnitt- bzw. Tunnelkante abschließt. Stecken Sie den Gummi am Anfang fest, damit ein Durchrutschen vermieden wird. Ziehen Sie das Gummiband bis zum Ende durch und stecken Sie es ca. 2-3 cm von der Schnittkante entfernt zur Sicherheit fest. Entfernen Sie die Sicherheitsnadel am Gummiband, und nähen Sie es wiederum schnittkantengleich fest (siehe 2. Step-Grafik). Die Ärmelnähte schließen und zusammen versäubern (Paßpunkte 3 + 10).

Blusenoberteil

Vorderteile rechts auf rechts an die Seitennaht des Rückteiles stecken (Paßpunkte 3 + 7) und schließen. Die Nahtzugaben versäubern. Die Schulternaht laut Paßpunkte 1 + 2 ebenfalls rechts auf rechts stecken, schließen und die Schnittkanten versäubern. Danach die Taillenweite auf Ihre Größe einreihen.

Gr. 36 = 70 cm	Gr. 42 = 82 cm
Gr. 38 = 74 cm	Gr. 44 = 86 cm
Gr. 40 = 78 cm	Gr. 46 = 90 cm

Schößchen

Vordere Schößchenteile rechts auf rechts an das hintere Schößchenteil stecken (Paßpunkte 7 + 8). Die Seitennaht schließen und die Nahtzugaben versäubern. Die Taillenkante 2mal vornähen und auf Ihre Größe (siehe Blusenoberteil) einkräuseln. Jetzt das Schößchen mit der eingekräuselten Taillenkante auf die eingekräuselte Taille des Blusenoberteiles legen (vordere Mitte beachten), stecken und mit 1 cm Kantenabstand zusammennähen (Paßpunkte 7 + 9). Die Nahtzugaben anschließend zusammen versäubern.

Hinweis:
Bei hochwertiger Spitzenware erkennen Sie die rechte Stoffseite an den reliefartigen Erhöhungen der Motive. Die linke Stoffseite dagegen ist flach (oder plan).

Schultervolant

Am Schultervolant die Falten in Pfeilrichtung legen, stecken und ca. 5 mm breit von der Schnittkante entfernt feststeppen. Achtung! Am Vorderteil die Falten gegengleich zur vorderen Mitte, am Rückteil gegengleich zur hinteren Mitte legen. Nun kräuseln Sie beide Vorderteile und das Rückteil auf Halsringweite Ihrer Schnittgröße ein. Schließen Sie die Schulternähte (Paßpunkte 1 + 13), und versäubern Sie die Nahtzugaben zusammen. Legen Sie den Volant am Halsring links auf rechts aufeinander (linke Volantseite auf rechte Vorderteilseite), stecken und heften Sie ihn am Halsring auf (Paßpunkte 1 + 14). Stecken und heften Sie auch die vordere Volantkante

Spitzenbluse:
Gebogter Spitzenstoff oder einfache Spitzenware (Cremer KG)
Futterrest
Nähgarn (Gütermann)
6 überziehbare Knöpfe (Prym)
Schulterpolster

Topmodisch und absolut im Trend sind asymmetrische Schößchen und Volants.

Das Schnittlagebild gilt für die Größen 36 + 38. Die Stoffbreite beträgt 90 cm und liegt in der gesamten Breite auf.

Spitzenbluse

25 Vorderteil
26 Rückteil
27 Vorderes Schößchen
28 Hinteres Schößchen
29 Vorderer Volant
30 Hinterer Volant
31 Ärmel
32 Tunnelstreifen

Alle Nahtzugaben 1 cm

Hinweis für den Zuschnitt:
Die Schnittauflage verschiebt sich etwas bei den Größen 40-46.

Um die Bogenkante richtig auszunützen, werden die Schnittteile im Querfadenlauf aufgelegt.

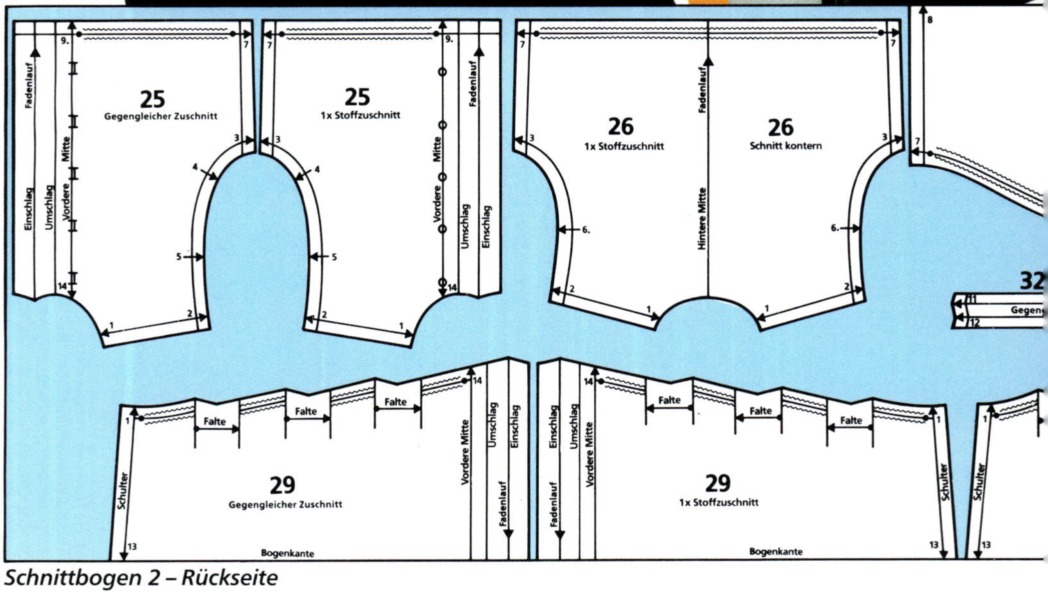

Schnittbogen 2 – Rückseite

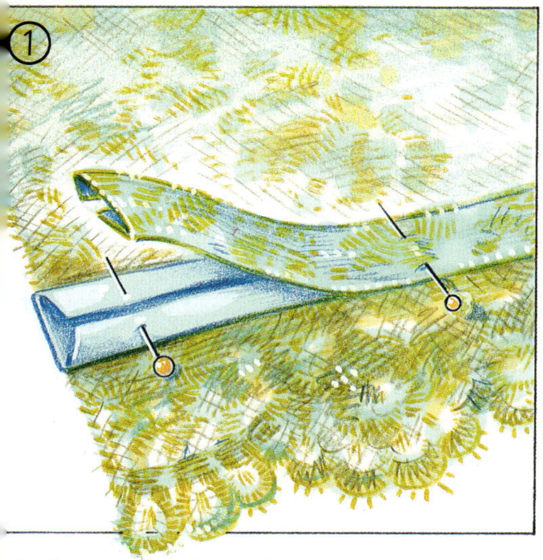

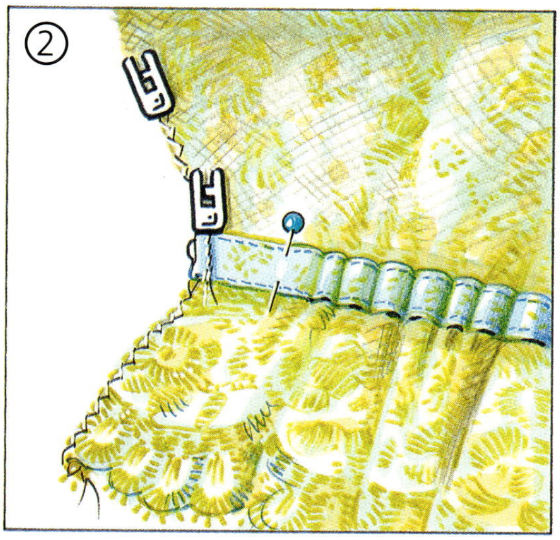

Da der Spitzenstoff etwas durchscheint, muß der Spitzentunnel mit einem Futterstreifen unterlegt werden.

① Den Futter- und den Spitzenstreifen an jeder Längsseite einbügeln. Je 1 x Spitze und 1 x Futter links auf links legen, so daß die eingebügelten Kanten gegeneinander liegen. Nach den angegebenen Paßpunkten auf die linke Ärmelseite aufstecken – zuerst den Futterstreifen, dann den Spitzenstreifen – und zusammen knappkantig aufnähen. Danach den auf passende Länge zugeschnittenen Gummi an der Einziehseite etwas abrunden und mit Hilfe einer Sicherheitsnadel zwischen Spitzen- und Futtertunnel einziehen.

② Den Gummi so weit einziehen, daß das Ende kantengleich mit der Ärmelschnittkante bzw. dem Tunnelanfang abschließt. Um ein Durchrutschen zu vermeiden, nähen sie ihn fest. Ziehen Sie das Gummiband bis zum Tunnelende durch, stecken Sie zur Sicherheit eine Nadel ca. 2-3 cm vor dem Tunnelende, entfernen Sie die Sicherheitsnadel an der Gummispitze und nähen Sie genau diese schnittkantengleich mit der Ärmelkante fest.

.ıf die vordere Blusenkante, ıd nähen Sie beide Teile zummen. Beachten Sie dabei, ıß die Volantlänge der rechten usenseite mit der linken Seite pereinstimmt. Bügeln Sie ann beide vorderen Kanten an ɜn vorgegebenen Linien zust ein, dann um und heften e das Ganze fest. Messen Sie ı Ihrem Schnitt das Halsloch us, geben Sie dem gemessenen Maß noch 4 cm dazu, und schneiden Sie einen ca. 3 cm breiten Schrägstreifen aus dem Spitzenstoff zu. Nähen Sie den Streifen rechts auf rechts an das Halsloch.

Die überstehenden 2 cm schlagen Sie ein, und legen Sie den gesamten Schrägstreifen zur linken Seite. Die noch lose Schnittkante schlagen Sie so weit ein, daß die Umbruchkante exakt auf der vorhergegangenen Steppnaht liegt. Staffieren Sie diese Kante mit kurzen Stichen an. Das offene Stückchen Naht, das an der Vorderteilkante entsteht, schließen Sie ebenfalls mit Handstichen.

Fertigstellung

Jetzt den Ärmel einkräuseln und einstecken (Paßpunkte 3, 4, 5, 2 + 6). Anschließend vorsichtig einnähen. Die Nahtzugaben zusammen versäubern.
Die Knopflöcher einarbeiten und die Knöpfe annähen. Da der Einschlag und der Umschlag der vorderen Kante durch die Knopflöcher und die Knöpfe gehalten werden, können Sie den Heftfaden wieder herausziehen.
Schulterpolster je nach Ausführung mit Futterstoff überziehen, einstecken, Lage überprüfen und mit Handstichen an der Schulternaht befestigen.

Spitzenbluse ohne Schößchen

Diese Bluse kann auch ohne Schößchen gearbeitet werden. Hier ein paar Verarbeitungshinweise: Bei einem Spitzenstoff ohne Bordürenabschluß legen Sie diesen auf Bruch, so daß Webkante auf Webkante trifft. Legen Sie die Schnitteile im Fadenlauf auf, und beachten Sie dabei, daß das Schößchenteil wegfällt. Deshalb müssen Sie ab der Taillenkante von Vorder- und Rückteil 25-30 cm Länge dazugeben, wovon 2 cm für den Saumein- und umschlag weggerechnet werden müssen. Berechnen Sie auch am Ärmelsaum 1 cm Ein- und 1 cm Umschlag. Bei der Verarbeitung selbst ändert sich nicht viel. Das Einkräuseln der Taille am Oberteil und das Annähen des Schößchens entfallen.

Hinweis:
Bei Spitzenware mit Webkante legen Sie die Schnitteile im Fadenlauf auf und fügen an die Kanten, die für den gebogten Abschluß vorgesehen sind, 1 cm Nahtzugabe dazu.

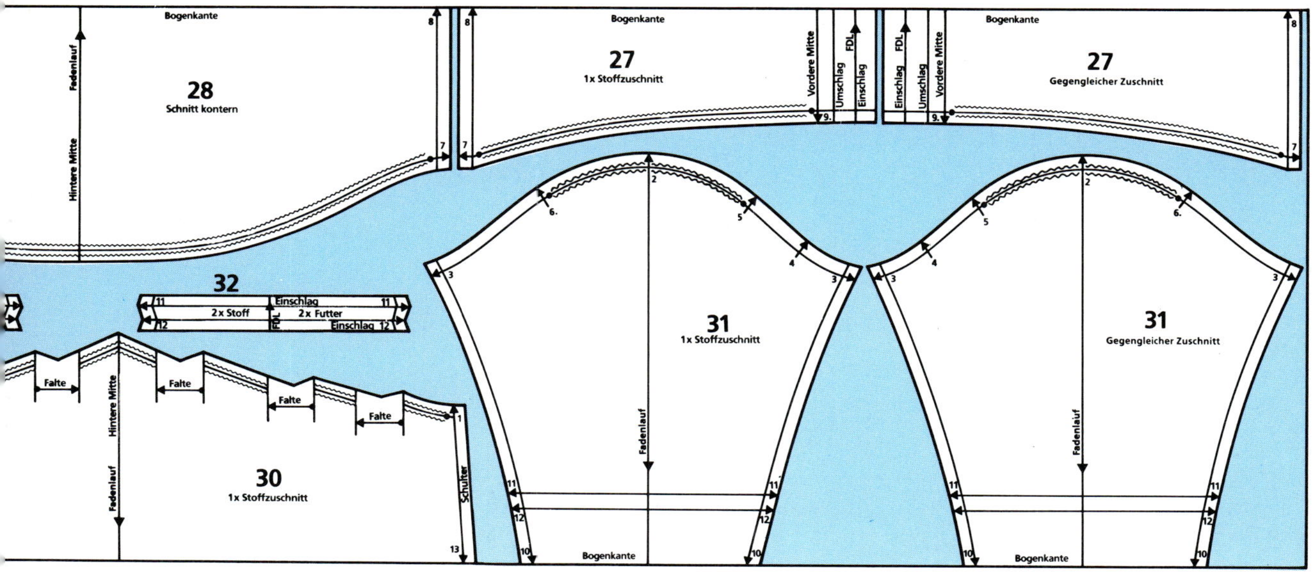